¡SUPÉRATE!

Alcanzando Tu Excelencia

Dr. ALFRED D. HERGER, Ph.D.

EDICIONES *PrimaVIDA*

© 1995

¡SUPERATE!
© 1995 por Alfred D. Herger
Todos los derechos reservados.

Para permisos de reproducción
y órdenes de compra :

Dr. Alfred D. Herger, Ph. D.
Box 8607
Santurce , P. R. 00910

INDICE

RELACIONATE

La vida enseña dando golpes.
A más golpes,
más resistencia desarrollas.
Como el hierro,
se hace fuerte
el que a fuego se moldea.

ADVERTENCIA

Me siento obligado a prevenirte: al igual que mi primer libro "¡ ATREVETE!", este es...¡dinamita! Te advierto también que después vendrá otro libro, el tercero de la serie, que aún no tiene título.

De la primera impresión, este libro parece pequeño e inofensivo, pero al leerlo, sentirás obrando en ti el poder de la información contenida en él.

Se ha demostrado que las primeras impresiones, aunque perdurables, por lo regular, no son muy acertadas. El punto lo veremos claramente haciendo el ejercicio siguiente, original del conferenciante motivacional y prolífico, autor Zig Ziglar.

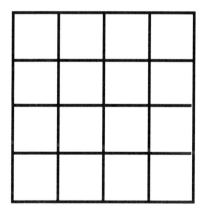

¿Cuántos cuadrados hay en la gráfica?
La contestación está en la página siguiente.

Al escudriñar en el libro, posiblemente necesites detener la lectura en algún lugar y reflexionar analizando los principios hasta ahí expuestos,o animándote a ponerlos en práctica antes de continuar.

Muchos conceptos presentados en el libro pertenecen a un grupo excepcional de autores, psicólogos y filósofos, clásicos y contemporáneos.

Mi intención es ofrecerte una recopilación de poderosas y explosivas ideas que te ayuden a superarte...a atreverte. ¡A atreverte a superarte!

Otra parte del material es anecdótico, recordando mis experiencias de vida. Hay cosas muy personales, pero me considero *un libro abierto*. Lo único que espero es que no te aburran mis relatos y sí que te inspiren, pues somos iguales, somos uno, tú y yo.

Maneja con cuidado estas páginas, leyendo los artículos uno a la vez - en el orden que prefieras, o simplemente ábrelo al azar en cualquier página cuando tengas algún dilema...hay "causalidades", y ¡te puedes sorprender!

Atentamente,

El Autor

---

* PSST. La solución al ejercicio: *treinta cuadrados*. Divide el cuadrado grande, el primero, en cuadrados de cuatro por cuatro, y tendrás 16 cuadrados más, totalizando 17; luego en cuadrados de dos por dos y tendrás nueve adicionales. Por último en cuadrados de 3 por 3, le añades 4 más, y totalizan 30.

EL SENTIMIENTO DE LOGRO

La Psicología señala como conducta esperada que los grupos compartan orgullosamente el triunfo de su campeón, saboreando la gloria de sus atletas, artistas, reinas de belleza, etc. De igual manera, se distancian de un perdedor. Por ejemplo, si gana su equipo claman "¡Ganamos!", pero si pierde, "¡Perdió el equipo!". Inmediatamente se culpa a los jugadores.

Los triunfos colectivos, o personales, afectan favorablemente a los individuos, cambiando su estado de ánimo, elevándoles la confianza y fortaleciendo su mente.

¿Dependes tú de otros, para sentirte así?

En mis escritos te enfatizo la importancia de atreverte a hacer cosas y obtener logros, a nivel *personal*. Que disfrutes del sentimiento de logro, pero de *tu logro individual*. Que busques *tu* excelencia a través de la superación *personal*.

Por ejemplo, yo me he estado atreviendo a usar la computadora para redactar, corregir y hacer toda la composición y el diseño de mis libros. Pues, ahora, atrévete tú, a hacer lo tuyo. Descubre el sentimiento de logro tú también... ¡Supérate!

Cuando evalúes tus logros y pases revista
de lo ganado y lo perdido,
no te olvides de considerar
lo que has crecido como persona,
pues eso es muchísimo más importante
que las victorias que hayas obtenido...
ya bien en términos materiales,
o en símbolos sociales.
Tu superación personal...
esa no te la quita,¡ nadie!

BUSCANDO TITULO PARA UN LIBRO

Buscando inspiración para darle título a estos libros me doy cuenta de lo difícil que es la tarea. ¡Los títulos son importantes! En ellos se encierra la esencia del contenido, son el gancho que atrae, deben ser originales y fáciles de recordar. Tuve que pensarlo bien, y recordé que en uno de mis seminarios dirijo un ejercicio donde cada participante contesta la pregunta :

¿ Si esta etapa de tu vida fuera llevada a la televisión como una "miniserie", que título le darías?

Todos hemos escuchado historias sorprendentes, las hemos vivido de cerca o nos han ocurrido episodios que parecen más ficción que realidad. Casos de personas comunes, que por un extraño giro del destino, quedan comprometidas a una situación de vida bastante difícil de sobrellevar, donde se superan.

Amigo lector, detente un instante a pensar en el título que le darías a tu vida en estos momentos:

" *Las etapas de la vida propia* "

11

La clave está en la interpretación que le damos a los acontecimientos. Podemos ver nuestra vida como una tragedia, una telenovela, o una comedia.

Tu título, ¿implica superación?

¿Te reta a alcanzar tu excelencia?

El título que escogiste tal vez refleja una visión de mundo basada en tu buena o mala suerte.

A lo mejor ves la vida como un negocio, donde todo se mide en ganancias o pérdidas...

¡Quizás la ves como una fascinante aventura!

Reflexiona sobre el título que escogiste.

Podemos ver la vida como un evento deportivo...o una lucha, hasta una cruzada...pero también podemos verla como un entretenido juego, donde se gana, pero también se pierde, donde a veces se goza y otras veces se sufre.

Quizás el resultado final no sea tan importante como el proceso, pues a lo mejor lo que en verdad cuenta no es si ganaste o perdiste, si no cómo de bien jugaste.

¿Obras con justicia y consideración al prójimo, siendo razonable y tolerando las diferencias?

¿Afrontas los contratiempos con paciencia?

¿Eres demasiado exigente, o perfeccionista?

¿Sabes reírte de ti y de los disparates que puedas hacer o decir?

¿Tienes la cabeza de concreto?

Si nos lo proponemos, podemos tomar aquello que se nos presenta, con aceptación...conformidad y sabiduría.

Si la corriente del río no puede detenerse, se canaliza, o se redirige, para utilizarla constructivamente... ¡y para que no nos lleve de frente!

Otro factor determinante en la visión que tengamos de la "novela" de nuestra vida es la profesión o el quehacer que escojemos para invertir el tiempo y las energías.

Algunas personas se dedican a hacer lo que les gusta y les produce satisfacción, otros a lo que sienten que es una obligación, o por ganar más, por presiones sociales, culturales y/o familiares.

Aquellos que no disfrutan de lo que hacen terminan agriándose, aunque tengan fortuna y poder.

El título buscado por mí afloró en momentos cuando atravesaba por una serie de pruebas difíciles que la MAESTRA VIDA me imponía.

Tenía que atreverme a seguir adelante con mi trabajo y con mi vida...Tal vez con una misión.

¡Atrévete...Alfred...supérate!

Mi primer libro se tituló "¡Atrévete!" y este se titula "¡Supérate!"

Los títulos recogen el espíritu de ambos libros...y de mi vida en estos momentos.

¿ Cuál es el título de tu libro, amigo lector?

13

Respira profundo... y sonríe.

TODO TIENE SU TRUQUITO

"No es controlar el universo ...
hay que saber navegarlo".

Buscando ampliar ese brillante concepto, recordé el día que un buen amigo y colega, me invitó a almorzar.

Mientras saboreábamos los deliciosos platos *gourmet* en el elegante restaurant donde me llevó, me confesó su necesidad :

"Alfred, he sido invitado a participar en un programa de televisión y me siento muy nervioso... Yo sabré muchísimo de mi profesión, que es la Psicología, pero no sé nada de la televisión, y como todo en la vida tiene su *truquito*, yo quiero que tú me enseñes el *truquito* de cómo actuar ante las cámaras, pues tienes mucha experiencia en los medios".

El almuerzo incluía consulta.

Tiempo después, recordando nuestra reunión, pensé en sus palabras y las encontré llenas de sabiduría. ¡Es muy cierto, todo en la vida tiene su truco, su forma especial de hacerse!

La clave del éxito en todo lo que nos proponemos alcanzar está en aprender a hacerlo bien y llegar a dominar la estrategia, o *truquito* que requiere. Como dice el refrán: "El que sabe, sabe y el que no,¡que aprenda!"

Podemos aprender de los que saben.

Eso es, si se tiene la humildad necesaria para aceptar que uno no sabe y se atreve a preguntar, como hizo mi amigo, porque "el que no quiere pasar por bruto un momento...se puede quedar bruto toda la vida".

Pero en ciertos menesteres no basta conocer el camino corto, el atrecho o truco, hay que fajarse con la práctica. Es el ejercicio consecuente lo que nos lleva a la maestría.

"La experiencia es la madre de la sabiduría". Se reconoce al experto por su historia, y sus conocimientos se perciben en la ejecución. "La práctica hace la perfección", dicen.

También recordé que no hace mucho una amiga me pidió una opinión en torno a su situación matrimonial. Al preguntarle por el consejero que estaba atendiéndolos me confesó que dejó de ir porque no le gustaba cómo llevaba la terapia, que no era lo que ella esperaba, pero que ahora, su problema estaba peor.

A veces los clientes pretenden saber más que el profesional que los atiende, que estudió y vive de eso. "Los nenes no se quieren vacunar, porque les duele."

Pues, aunque te duela, ¡hazlo!

A veces resulta más práctico un dolor a corto

plazo que una larga y pesada molestia . Lo que vale, cuesta,"y lo barato, sale caro."

Le expliqué a mi amiga que existen diferentes enfoques terapéuticos para atender los casos, y que en ocasiones, hay que dar tiempo y oportunidad a la estrategia para que trabaje, ¡aunque nos parezca absurda! No existen soluciones mágicas.

Yo no podía darle un remedio.

No debió interrumpir el proceso de terapia. Ahora debe regresar al punto donde quedó, si puede, o comenzar de nuevo.

Hay *truquitos*...que toman tiempo.

Citando refranes y filosofando de cómo algunos trucos nos pueden facilitar un poco la vida, retorno a la frase que considero genial:

"No es controlar el universo, *hay que saber navegarlo.*"

El buen capitán sabe colocar sus velas de manera que el viento le ayude, sople como venga.

Aunque uno no pueda controlar el viento, siempre puede manejar sus propias velas.

Otras veces tenemos que recoger las velas y esperar a que pase la tormenta.

¡Ese es otro buen *truquito*!

HAY QUE SABOREAR LA VIDA
SORBO A SORBO...
PASO A PASO...
SONRISA A SONRISA...
MOMENTO A MOMENTO...
RESPIRACION A RESPIRACION.

ALCANZANDO LA EXCELENCIA,
¡ EN LA SUPERACION !

NUNCA NADA ES LO MISMO

Muchas veces pasamos por lugares conocidos o nos tropezamos con gente que nos es familiar, pero lo curioso es que nunca resulta ser la misma experiencia...es como si entráramos a un río distinto cada vez que cruzamos por el mismo sitio.

Hace años vengo admirando a Steve Allen, veterano animador y productor de la radio y TV norteamericana, reconocido por su creatividad, ingenio, sentido de humor y el don de la improvisación. El fue quien originó el programa "Tonight Show", que hasta el otro día mantuvo Johnny Carson y ahora anima Jay Leno. Además es pianista de jazz, compositor y un incansable escritor de libros.

Cuando yo iniciaba labores de animador y productor en radio y TV, mucho antes de estudiar psicología, me leí su autobiografía (*"Bigger Than a Breadbox"*), y puse en práctica mucho de lo que allí aprendí. Aunque en aquellos tiempos no lo veía en la televisión local, para mi, Allen fue un modelo, un ejemplo a seguir.

Hace poco tuve un re-encuentro con Steve Allen a través de un libro suyo titulado "Dumbth", y la verdad es que me sorprendió.

Esa palabrita se la inventó para nombrar la actitud de"rechazar nuestra ignorancia sobre algo". Negar que podemos equivocarnos, es un síntoma de testadurez; ¡nadie es dueño de la verdad absoluta! En el libro, Allen revela simples, claras y prácticas estrategias para mantener la mente alerta. Quisiera parafrasear algunas :

√ Desarrolla humildad. El orgullo puede impedirte llegar a la verdad, limitando tu capacidad.

√ Evita las conclusiones apresuradas. Estudia y analiza bien antes de decidir.

√ Interésate por los demás. Amplía tu visión para reconocer las ideas, los sentimientos y las situaciones de las demás personas.

√ Comparte con los que saben. Escucha, observa...y aprende.

√ Usa el diccionario. Aumentando el vocabulario, aumentas la capacidad de comunicarte y evitas usar palabras equivocadas .

√ Apunta las cosas, para no olvidarlas. Preserva las ideas y la información que después puede ser útil....teniendo a mano una libretita.

√ Evita perder el tiempo. Haz buen uso de cada momento en tu vida.

√ Lleva un diario. Documentando los eventos, entendemos y conocemos cómo pensamos y actuamos, para evaluar lo que sucede.

√ Aprende el "cómo" y el "por qué" . Así no

serán misterios para ti las leyes y los principios de cómo funcionan el mundo y las cosas.

√ Mantén la mente abierta al cambio. Si fuese necesario, cambia cómo piensas.

√ Evita engañarte. Se preciso y realista, aclarando, especificando, cuidando los detalles y buscando alternativas .

√ Evita aferrarte a las ideas. Se flexible ante lo que otros puedan creer u opinar, nutriéndote de todo, y de todos, para crecer.

√ Lee los clásicos. Conoce las historias, ideas y conceptos que han resistido la prueba del tiempo. Te provocará nuevas sensaciones y satisfacción.

√ Reconoce cada evento, cada persona como especial y diferente, pero cambiante .

En su libro, "Dumbth", Steve Allen cita al filósofo Heráclito, quien dijera:

"Nunca entramos dos veces al mismo río."

(Porque éste constantemente fluye.)

Así nos enfatiza la consigna de que *nunca nada es lo mismo.*

¡Eso es lo que acabo de comprobar leyendo a Steve Allen!

Es preferible atreverse,
y no dejar para mañana
lo que se puede disfrutar hoy
(a lo mejor cambian la película).

¿ATREVETE O ARRIESGATE?

¿Te provoca temor arriesgarte?,¡Atrrrrrévete! ¡Suuupérate! ¿El temor te inmobiliza totalmente y prefieres no arriesgar nada, "requetepensando" todo, buscándole cinco patas al gato?, o es todo lo contrario: ¿amas el peligro y actúas sin medir consecuencias? ¿Te atreves demasiado?...¿ Dónde caes tú? En estos libros te reto ¡atrévete! ¡supérate!, y por eso creo justo cualificar la premisa respaldándola con datos que la diferencian de un llamado al peligro.

La conducta ante los riesgos ha sido estudiada por respetados científicos de la conducta humana. Uno de los más destacados, el doctor Frank Farley, pasado presidente de la American Psychological Association, visitó El Centro Caribeño de Estudios Postgraduados, en Puerto Rico, institución donde me formé como psicólogo. Desde ese momento tuve la oportunidad de familiarizarme con su trabajo.

El Dr. Farley ha identificado como personalidad tipo "T" (la T viene de "thrill" o emoción), a los amantes del peligro, los adictos a la sensación de la *adrenalina* que corre por el sistema. A los tímidos, él los identifica como personalidad "t" minúscula.

23

La mayoría de las personas estamos en un punto medio entre la "T" grande y la "t" chiquita.

Señala Farley que aunque cuesta mucho el ser arriesgado, en términos de cometer errores y darse duro, estas personas tipo "T" son unos campeones manejando crisis y peligros. ¡Es su especialidad! Los arriesgados no le tienen miedo a las demás personas, pues son más confiados en sí mismos, controlan su ansiedad y buscan alternativas creativas a las situaciones difíciles, pero, ojo, debemos tener mucho cuidado con los riesgos, pues los riesgos que fortalecen son los llamados "riesgos productivos".

Esos riesgos productivos usualmente están relacionados con retos de crecimiento personal, salirse de la cotidiana comodidad que anquilosa, hacer negocios, jugar en deportes, estudiar segundas carreras, realizar incursiones artísticas, exploraciones o aventuras en la naturaleza, viajes, etc.

Los riesgos negativos incluyen manejar a alta velocidad, jugárselas en aventuras amorosas, experimentar con drogas, apostar dinero, hacer trampas, robarse cosas, amigarse con cualquiera y practicar conductas antisociales.

Naturalmente, los riesgos negativos crean problemas porque son auto-destructivos.

Al que reconozca en sí mismo una imperiosa necesidad de sentir emoción, que se ocupe en actividades constructivas, evitando las peligrosas. Hacer cosas sanas, como ejercicios y deportes; "camping", "scuba diving", correr caballo, esquiar, practicar arte dramático (enfrentarse al público es emocionante), experimentar con música, baile, etc.

Si nuestro trabajo es monótono y lento, puede que no cuadre con nuestro tipo de personalidad, o si es muy cambiante y con muchas presiones, idem. Analicemos a ver si estamos en el ambiente adecuado para nosotros, para determinar cómo funcionar mejor, ¡aunque esto signifique considerar un cambio de empleo, o de profesión!

Muchos lo hemos hecho.

¡Atrévete tú también!

Si somos demasiado precavidos y temerosos, un poco de riesgo creativo nos fortalecerá el carácter.

El Dr. David Viscott, otro experto en esta materia, escribió en su libro "Risking", que debemos considerar varios puntos si estamos indecisos ante alternativas como: el comprar una casa versus pagar renta; buscar un trabajo de más reto, casarnos o divorciarnos, someternos a una operación, dar un viaje, pedir un aumento, etc.

Viscott sugiere hacernos seis preguntas:

1- ¿Es un riesgo necesario?

2- ¿Qué sé sobre las consecuencias?

3- ¿Hay otras maneras de conseguir lo que estoy buscando?

4- ¿Cuáles son las probabilidades de ganar o perder, y cuál probabilidad es mayor?

5- ¿De qué formas puedo suavizar el golpe?

6-¿Quién puede ayudar o darme información?

Luego nos ofrece doce útiles guías a seguir.

Las guías son:

1- Evita actuar por un impulso emocional, hazlo más por lógica y razonamiento.

2- No hagas las cosas sólo por demostrar que puedes, o porque simplemente "te atreves".

3- Ten claros tus propósitos y objetivos.

4- No te tomes más de un riesgo a la vez.

5- Prepárate bien para la caída, por si acaso.

6- Haz una lista de lo que puede fallar.

7- Pregunta, pregunta y vuelve a preguntar.

8- Sin prisa, tómalo con calma y prepárate.

9- Haz un itinerario de los pasos a seguir y cuándo va cada evento. Mantén vigilancia al desarrollo de los acontecimientos, revisando ese itinerario.

10- No fanfarronees, ni des un "show" sobre lo que estás haciendo, o lo que vas a hacer.

11- Una vez hayas decidido, ponte en acción.

12- Acepta si sientes nerviosismo, o temor. Entonces, atrévete, hazlo, ¡con nervios, temor y todo!

Finalmente, dar seguimiento:

√ No evadas ni ignores los problemas que se te vayan presentando, hazles frente.

√ Acepta si cometes algún error y corrígelo.

√ No te frustres...ni te rindas, pero sé realista y no te aferres a una decisión que no funciona.

Si tienes que cambiar de decisión "es de nobles el aceptar y remediar sus equivocaciones" y todavía mucho mejor, si se hace a tiempo.

¡Atrévete a tomar riesgos calculados!

MANEJANDO LOS CAMBIOS

Muchos atravesamos el proceso de ajuste al cambio, en lo personal, por la muerte de seres queridos, por separación, divorcio, pérdidas sentimentales o materiales y/o en lo profesional, por pérdida de empleo o cambios en las estructuras organizacionales, fusión de empresas, etc.

Como psicólogo, he ayudado a preparar personas para afrontar cambios y hacer ajustes.

El proceso de cambio no es fácil. Somos criaturas de hábito, nos gusta lo predecible y estable. Cuando cambian las cosas nos asustamos, perdemos perspectiva y entramos en confusión. Hay cambios inevitables,¡ aprende a vivir con ellos!

En la vida todo cambia, todo el tiempo y más hoy que antes. Si no estamos dispuestos a funcionar en un ambiente que constantemente cambia, es porque tenemos mentalidad de otra época y *"El que no aprende a nadar con la corriente... se ahoga"*.

En un cambio, vamos pasando por ciertas etapas psicológicas:

√ *Negación.* Se activan los mecanismos de defensa y lo primero que hacemos es tratar de ignorar

27

lo que está pasando, pues no queremos darnos cuenta, no lo aceptamos. Esta primera fase de "negación" es común: "no lo creo, no puede ser".

√ *Negociación.* Entramos en este proceso al no poder negar más. De todas formas intentamos retornar a la situación anterior, por lo que hacemos ofrecimientos, tales como corregir nuestras acciones, mejorar, "portarnos bien", en fin, promesas y concesiones de regateo. ¡Cualquier cosa con tal de dar marcha atrás al cambio!

√ *Rebelión.* Nos damos cuenta de que es en vano, después de negarlo y luego negociar nos da el golpe la dura realidad: el cambio va. Explotamos en coraje, nos cegamos, gritamos, pataleamos y maldecimos (si tenemos esa disposición de carácter), o nos deprimimos sintiendo que es el fin del mundo. Una de estas reacciones, o una combinación de ambas, es de esperarse.

A lo mejor, nos desquitamos el coraje con familiares o amigos que no tienen la culpa.

¡Hasta nos podemos desquitar con nosotros mismos, entrando en conductas auto-destructivas! ¿Por qué? Sencillamente, porque a nadie le gusta que se le obligue a hacer lo que no desea hacer.

¡A la brava nadie quiere cambiar! Sencillo.

Le podemos dar muchos nombres a lo que sentimos: rebeldía, disgusto, frustración, resentimiento, ansiedad, pánico, incomodidad, sentimientos deculpa, señalamiento de culpa, complejo de inferioridad, temor al fracaso, etc.,pero...ojo, lo que en verdad experimentamos es mucho miedo. Sentimos miedo por lo desconocido, a lo que pueda suceder, y lo escondemos detrás de nuestra furia.

√ *Aceptación y adaptación.* Al conocer, e identificar las etapas del proceso de cambio, podemos entender lo que nos está sucediendo, para así luego hacer los ajustes necesarios, apretar las tuercas y amarrarnos bien la correa. Se puede vivir con lo nuevo, aunque al inicio no nos guste.

Hay que seguir el ejemplo de los filósofos chinos, que ven en cada crisis, en cada cambio, una oportunidad.

Para ayudarnos en el manejo de la dinámica del cambio, podemos seguir estas recomendaciones, aplicándolas a diferentes áreas de nuestras vidas:

√ Mantén la confianza. Esta es necesaria para salir airosos en el manejo de los cambios. Para desarrollarla, debemos reconocer nuestras fortalezas y lo que hacemos bien.

√ Acepta el reto. Las personas de éxito se atreven a tomar riesgos asumiendo una actitud optimista ante las circunstancias.

√ Maneja el estrés. Mira las cosas en su justa perspectiva, como son, aunque no sean como quisieras que fueran. Flexibilidad y sentido de humor para aceptar lo diferente y adaptarte. Cuida lo que comes, haz ejercicios y descansa lo suficiente.

√ Mantén el balance. Organizando tres áreas importantes de tu vida, que son *el trabajo, los intere-*

ses personales y las necesidades familiares, para mantener una base firme y estabilizarte.

Maximiza los siguientes elementos:

√ *Creatividad.* Busca innovadoras alternativas, nuevas maneras de lidiar, ideas originales. Aunque te parezcan poco convencionales, puedes darle la oportunidad a las nuevas fórmulas.

√ *Preparación.* Por lo que pueda venir. Esperamos que suceda lo mejor, pero siempre nos preparamos para lo peor, por si acaso.

√ *Comunicación efectiva.* Obtén información sobre todos los detalles en torno a los acontecimientos, para que no actues apresuradamente, o demasiado tarde. La honestidad, la candidez y la frecuencia en tu comunicación traerán resultados óptimos .

√ *Delegación.* Todas las personas a quienes el cambio afecte pueden poner de su parte, dando ideas, aportando de alguna forma.

Acepta la resistencia al cambio, porque la reacción natural ante lo nuevo y desconocido es resitir. Mantente alerta y tolerante, prepárate para la protesta y la rebelión, para que no vayan peor las cosas.

Vivimos en la era del cambio. Todo cambia y se renueva constantemente: en el mundo de los negocios, en la política local e internacional, en la estructura familiar, en las relaciones, en fin, en todos los niveles de la vida.

Nos superamos manejando los cambios.

Saber cambiar...es superarse.

LA FILOSOFIA ESTOICA

Recuerdo que mi madre usaba el adjetivo "estoico" para describir a quien, al afrontar adversidad, mantenía la compostura. Entendí que el sufrimiento, tormento o "procesión" se lleva por dentro. Creí que el orgullo no permite demostrar que se sufre.

De adulto, en los modelos psicológicos descubro que la teoría cognoscitiva considera al pensamiento de los filósofos estoicos como predecesor, sin embargo, la idea de esta terapia es liberarnos del sufrimiento, no que lo traguemos dando cara al mundo, como si nada pasara.

¿Uhmm...? Entonces, ¿cómo es en realidad la fórmula que hereda la psicología moderna de estos sabios de la antiguedad?

El diccionario Vox define al estoico así: *"pertenece a , o es partidario de, el estoicismo; es quien manifiesta indiferencia por el placer y el dolor; quien tiene gran entereza ante la desgracia".*

Ahh... ahora entiendo lo que quiere decir.

Aunque esta escuela filosófica fue fundada por Zenón en Atenas, Grecia, trescientos años antes de Jesucristo, muchos reconocen en sus preceptos cierta afinidad con el Cristianismo, pese a notables diferencias.

Entre sus más reconocidos exponentes se encuentran Séneca y el emperador Romano, Marco Aurelio.

Pienso que resultaría interesante y edificante el repasar algo de lo que expuso uno de los últimos filósofos estoicos, Epicteto, que vivió en Roma, como 100 años antes de Cristo.

Epicteto dijo:

"El vicio esclaviza...la virtud libera".

"Un alma virtuosa es pura, clara, dulce, rica y generosa - nunca ofende ni destruye".

"No conviene tener ni cuchillo boto ni lengua afilada".

"Si tenemos dos oídos y una boca es para escuchar el doble de lo que hablamos."

"Que no juzgue quien no haya sido juzgado".

"Los placeres menos frecuentes producen las mayores satisfacciones".

"Si exageramos la medida, lo más delicioso se convertirá en lo menos atractivo".

"El verdadero hombre libre es el que posee control de sí".

"Un barco no debe portar una sola ancla, ni una vida depender de una sola esperanza".

"Hay que pensar en Dios más frecuentemente de lo que se respira".

"Escoge la vida noble y la costumbre te la

hará dulce".

"Para que no cometas equivocaciones, recuerda siempre que Dios es testigo de tus actos".

"Quien ama el placer, el dinero y la gloria no ama a sus semejantes, pues esa virtud le pertenece al que ama lo simple y lo justo".

"El sol no precisa de ovaciones para brillar y todos lo reciben por igual. No esperes aplausos por cumplir con tu deber y serás tan bienvenido como el sol".

"Complácete con la vida y vivirás en una fortaleza."

"No pidas que los sucesos se adapten a tus deseos. Conforma tus deseos con los sucesos".

"Una vida que no se ponga a prueba no vale la pena vivirla".

Agradezco póstumamente a mi madre el orientarme hacia el pensamiento estoico. Aunque en mi ingenuidad juvenil lo interpreté mal, hoy puedo apreciar completamente el gran valor que tiene.

Amigo Epicteto, ¡tus palabras son una guía para la superación y la excelencia!

La felicidad está tan lejos,
o tan cerca,
como un pensamiento...
Según uno piensa,
¡así se siente!

LAS FORMACIONES MENTALES

En mi opinión, estos son los pensamientos más comunes que producen nuestros procesos cerebrales:

√ Recuerdos
√ Preocupaciones
√ Sensaciones
√ Planes
√ Fantasías
√ Ideas
√ Presentimientos
√ Visiones de escenas pasadas o futuras.

Creo que todos tienen un mismo valor, pues son chispazos de energía electroquímica en las neuronas. Sin embargo, es el significado o interpretación que les damos lo que afecta nuestro estado de ánimo. Dice el gran maestro hindú Dada Vaswani: "Los pensamientos son como personas que pasan frente a casa y tocan a la puerta. Decidimos si los dejamos entrar, o dejamos que sigan su camino, sabiendo que una vez dentro, se adueñarán de la casa, ¡y será muy difícil echarlos fuera!"

Ser feliz, está a ley de un pensamiento...La gestión es clara...¿Quién piensa tus pensamientos?

Equivocarse es descubrir
una de las maneras de cómo no hacer algo.
Volver a equivocarse es señal
de que estamos más cerca de la forma correcta.

Quien no hace,
por temor a equivocarse,
está perdiendo la oportunidad
de aprender
a no equivocarse.

CONCENTRACION Y APRENDIZAJE

El libro "The Fine Arts of Relaxation, Concentration and Meditation - Ancient Skills for Modern Minds", de J. Levey, explora los misterios de la mente y explica que la calidad y la cantidad de lo que aprendemos está directamente relacionada a nuestra habilidad para concentrarnos, penetrando y capturando intelectualmente lo que la mente va recibiendo. Concentrándonos descubrimos lo que a simple vista no se ve. Lo hacemos espontáneamente, cuando atendemos a un ser querido, miramos un atardecer, o nos dedicamos a una tarea placentera.

Según el autor, es posible aumentar la capacidad para concentrar y aprender, usando disciplinas de meditación, artes marciales, danza, pintura, etc.

Al igual que el atleta desarrolla coordinación, destreza y resistencia, con el ejercicio de la concentración, nuestra mente se estabiliza, calmando la tormenta de pensamientos y agudizando la percepción.

Estas milenarias enseñanzas enfatizan el vivir las experiencias en el aquí y el ahora, sin distracción, dándonos cuenta y estando bien pendientes de lo que estamos haciendo, con 100 % de concentración.

Levey recomienda un sencillo ejercicio: mentalmente narrar lo que uno hace: "estoy leyendo, consciente de que leo...escucho música...", etc. Sugiere describir en el momento, lo que sentimos: "Me doy cuenta del coraje que siento", etc.

Lo mismo al respirar: "Respiro, siento el aire que entra y me doy cuenta que me estoy llenando de oxígeno, exhalo y sé que estoy exhalando las impurezas", notando como el aire fresco entra por la nariz, sentimos su recorrido hasta el retorno y su tibia salida.

Es concentrarse plenamente en lo que uno está haciendo, sin esforzarse y rechazando sentir molestia si la mente se distrae, reconociendo que es su tendencia natural. Notar las distracciones, describirlas y rápidamente regresar a la tarea.

Al esforzarte por concentrar la atención, se relajará tu mente.

Practica inicialmente durante períodos cortos, para ir acostumbrándote. Con el tiempo, tu mente se tornará poderosa, y actuará como un foco de luz intensa, como un rayo láser.

Una mente concentrada, clara, ágil y calmada será la mejor herramienta en tus procesos de aprendizaje, en el disfrute de la vida, y en la superación.

¡Cuánta excelencia genera una mente que se mantiene focalizada!

"Estoy leyendo, consciente que estoy leyendo, escucho la música, consciente de que escucho los instrumentos...la melodía... "

VIDA EN EXCELENCIA

La simpática *mini-revista* "PLUS", del ministerio Norman Vincent Peale, siempre trae mensajes positivos. En ella leí sobre la educación que recibiera de niño el inversionista John Marks Templeton, y sobre su libro "The Templeton Plan." Los pasos que él describe como camino al éxito personal y en los negocios, están alineados a mi filosofía de superación. Los llama "Leyes de la vida." A continuación se las presento como receta para una vida en excelencia, naturalmente acompañadas de uno que otro comentario:
1- Di siempre la verdad. Nunca prometas lo que no puedas cumplir.
2- Sé confiable. Que los demás sepan que pueden contar contigo en todo lo acordado.
3- Ten fe en las personas. Confía que aún existe gente de buena fe y honestidad, como tú.
Esta tercer premisa me resultó bastante difícil de tragar, pero finalmente pude romper con mi incredulidad al visualizar el escenario mayor, donde Dios, y los misterios de su creación operan mas allá de lo material y lo aparente.

Con esa perspectiva pude entender que mi fe y confianza valen mucho más de lo que yo pueda perder a manos de un tramposo, y que a la larga, el deshonesto pierde muchisísimo más con su mala acción.

4- Persevera. Sigue siempre adelante, a pesar de las adversidades.

5- Mantén tu entusiasmo y energía. Haz todo de buen gusto, ¡de corazón!

6- Sé humilde y aprende de los demás. Mantente alerta, y aprenderás de todo el mundo, reconociendo la sabiduría en los mayores y los conocimientos que poseen otros.

7- Sé complaciente. Cuida siempre el balance entre lo que es justo y razonable, tratando de complacer a los demás, siempre que sea posible.

Esta idea también me dió trabajo, pues entiendo que no es obligatorio siempre complacer a los demás, pero al analizarla comprendí que el ser complaciente no implica tener que ceder ante todo lo que nos pidan, ya que se puede ser complaciente y a la vez saber decir "no", con elegancia y diplomacia.

8- Acostúmbrate a dar. Las personas de éxito no se cansan de dar, y dando su éxito solidifican.

Esta paradoja la encontramos en muchas enseñanzas de diferentes culturas, y es difícil ponerla en práctica porque nuestras estrechas mentes sólo ven escasez cuando pensamos en compartir lo que tenemos, ¡y es todo lo contrario!

9- Sé alegre. No importa lo que nos pase, siempre podemos mantener buen sentido de humor.

10- Sé altruísta. En la medida en que puedas, siempre haz el bien, sin mirar a quién, y sin que sea muy notable. Obra para beneficiar a los demás, protegiendo la naturaleza, cuidando el ambiente y preservando este mundo en que vivimos. ¿No te provoca respirar profundo y leer el último párrafo una vez más? Hazlo...y sonríe.

Las máximas del buen vivir que esboza el sabio Sr. Templeton quizás se parecen a otras que hemos oído antes, pero resulta altamente refrescante repetirlas, saboreándolas una a una, pues son principios conducentes a la superación personal, y a una vida en excelencia.

En eso estamos y hacia eso vamos. ¡Atrévete! ¡Supérate! Si no está en ti, ¿entonces, en quién?

Recuerda:
1- Di siempre la verdad.
2- Sé confiable.
3- Ten fe en las personas.
4- Persevera.
5- Mantén tu entusiasmo y energía.
6- Sé humilde y aprende de los demás.
7- Sé complaciente.
8- Acostúmbrate a dar.
9- Sé alegre.
10-Sé altruísta.

Respira profundo otra vez...y sonríe grande.

Dios provee a cada pájaro su alimento...
pero no se lo echa en el nido.

UN EJERCICIO DE BALANCE

Para aliviar las tensiones mira las cosas positivas que forman parte de tu vida y da gracias.

La acción de gracias, expresarnos en agradecimiento, es costumbre desusada en estos tiempos. Tomamos las cosas como obligadas, sin importancia, concentrándonos en señalar lo malo, sin valorar ni agradecer lo bueno. ¡Se nos olvida dar las gracias!

Cristo enseñó, *"amar a Dios en todas las cosas"*, por lo que te propongo un simple ejercicio de dar gracias: cuando estés reunido, en un grupo, o con otra persona querida ¡hasta por teléfono!, da las gracias. A tus relacionados, por los favores, sacrificios, detalles, atenciones que han tenido,etc., dales las gracias. Así creas la costumbre de dar las gracias.

Esto lo puedes hacer con tus hijos, hermanos, pareja, amigos y parientes, esforzándote por recordar algo por lo que decir "gracias", de corazón, a cada cual, agradeciendo que estén contigo, dándote amor.

Por turno, cada cual a cada cual, sin que se quede nadie, que todos reciban validación.

Anda, piensa a quién darle las gracias.

AGRADECE LO QUE HACEN POR TI
OTRAS PERSONAS...
DE LO SENCILLO A LO ESPLENDIDO...

RECONOCE SIEMPRE LAS ATENCIONES,
Y LOS GESTOS...
PERO DILO CON SINCERIDAD...

"GRACIAS..."

AH...Y PIDE LAS COSAS "POR FAVOR".

VIVIR EN AGRADECIMIENTO

Seguimos con el tema...

En un retiro espiritual del "Curso en Milagros" con el autor/maestro Tara Singh (ex- secretario personal del sabio/santo hindú J. Krishnamurti), alguien comentó sobre el agradecimiento y él no lo dejó terminar, diciendo tajantemente que por la forma como la persona estaba utilizando el término *agradecimiento,* demostraba ignorar su significado. *Se refería al significado devocional.*

Basándose en su interpretación de las enseñanzas del "curso en milagros", el explicó que el agradecimiento es un estado, no un acto.

En otras palabras, uno no *está* agradecido, ni *da* las gracias, si no que uno *ES* agradecido. La esencia misma de nuestro ser, vibra en aprecio y asombro constante, "agradeciendo" la maravilla de la vida.

Agradecidos por vivir, por estar aquí, por la oportunidad de existir en la creación de DIOS.

Con esto en mente, podemos comenzar a producir en nosotros, a conciencia y con intención, la emoción y el estado de agradecimiento.

Viviendo en agradecimiento por todo.

A la luz de esta idea, ningún día más que otro debiera inspirar mayor agradecimiento ¡exceptuando los días cuando se manifiestan milagros de Dios!

No es descualificar la celebración de aquellos días cuando se elevan oraciones de agradecimiento y nos reunimos a recordar cosas buenas junto a seres queridos. El señalamiento es voz de alerta para que tengamos cuidado en días específicos como los de Acción de Gracias, Navidad, de Las Madres y Los Padres, pues podemos creernos que con visitar y regalar en esas ocasiones ya hemos cumplido, ¡y dejamos ahí nuestro *agradecer*!

Se sabe que es difícil cambiar la forma de pensar sobre asuntos que toda la vida hemos visto e interpretado de una manera en particular. Ese precisamente es el eje de las enseñanzas de "Un Curso en Milagros", cambiar nuestra forma de percibir y de interpretarlo todo. Tara Singh nos ayuda a intentarlo.

Resulta curioso que en esta visión con base religiosa y espiritual haya un mensaje que la psicología moderna valida una y otra vez: que lo que nos afecta no son las cosas o la gente, los eventos o las circunstancias, si no más bien la interpretación que nosotros les damos con nuestros pensamientos.

En otras palabras, que vemos lo que creemos.

Cambia tus pensamientos y cambiará tu vida. ¿Te suena familiar? ¿Se parece a lo que tantas veces repito? Entonces, ¡vamos a vivir en estado de agradecimiento, como enseña Tara Singh!

¿ Habrá mejor manera de superarse?

¡CANTA EN LA DUCHA!

Estudia la siguiente lista de "regalitos" que puedes hacerte, y hacerle a tus seres queridos:
* Busca momentos de silencio.
* Pasea por un parque.
* Haz un inventario de lo que haces bien.
* Embelésate con algún paisaje.
* Camina bajo la lluvia.
* Bota algo viejo que ya no te sirva.
* Prepara "popcorn".
* Duerme la siesta.
* Pierde un poco de tiempo.
* Sostén la mano de un niño.
* Exprésale amor a alguien.
* Organiza algún rincón de tu vida.
* Ve de tiendas - sin comprar nada.
* Abraza un árbol.
* No corras, deja que el teléfono suene.
* Aspira el perfume de una flor .
* Hazte la idea que estás de vacaciones.
* Camina temprano en la mañana.
* Escríbele a alguien.
* Sonríe mucho.

* Conversa contigo.
* Dále ánimo a alguien que lo necesite.
* Toma un baño de burbujas.
* Huele un bebé.
* Descansa.
* Déjate llevar por algún impulso.
* Visita alguien que esté solo.
* Escucha la lluvia sobre el tejado.
* Atiende a los sonidos a tu alrededor.
* Llora.
* Déjate acariciar por la brisa.
* Acepta algún error cometido.
* Masájate.
* Ofrécete para ayudar.
* Respira profundo muchas veces.
* Riega las plantas.
* Cómprate un regalo .
* Duerme un ratito más.
* Consiéntete.
* Deja que alguien te haga un favor.
* Lee otra vez un libro o escrito favorito.
* Desayúnate en la cama.
* Observa el atardecer.
* Habla con los niños del vecindario.
* Déjale una notita cariñosa a alguien .
* Perdónate por alguna equivocación.
* Perdona a otra persona.
* Deja monedas donde las encuentren.
* Sorprende trayendo mantecado.
* Exprésale tu admiración a alguien.

* Mira fotografías viejas.
* Busca algún disco antiguo y escúchalo.
* Rebusca el "closet", regala lo que no usas.
* Tómate un bañito de sol.
* Estírate con fuerza.
* Cierra los ojos, suspira y luego sonríe.
* Saca tiempo para hacer...nada.
* Pasa un día sin hablar
(lleva una notita que lea,"Tengo afonía").
* Contempla la naturaleza.
* Juega con un animalito.
* Canta en la ducha.

Canta en la ducha...
Canta vistiéndote...
Canta manejando el auto...
No te olvides de cantar...
...aunque sea una vez al día...
¡Canta!

MEJOR QUE VENIR CONTANDO
LO QUE SUCEDIO...
CUENTA LO QUE HICISTE.

¡ESO ES LO QUE CUENTA!

Para superarte...
¡RELACIONATE!

*Tú puedes ser
el que siempre saluda primero.*

*Antes de que la otra persona lo piense,
¡ya decidiste por los dos!*

CULTIVA LA AMISTAD

Afectarás positivamente tu ambiente y alcanzarás mayores satisfacciones, ganando nuevas amistades y manteniendo al día las que ya tienes. Los contactos con otras personas pueden ser más frecuentes y positivos, si das seguimiento a las relaciones y quedas bien, manteniendo siempre las puertas abiertas para ti. Cultivas a quienes te rodean, vecinos, compañeros de trabajo, amigos de los hijos... No pierdes nada con ganar amigos.

Puedes mantenerte alerta y consciente de lo que está pasando, en cualquier lugar donde estés, antes de hablar o actuar, escucha, observa, y sintonízate a las personas y a los acontecimientos. Evitemos ser indiscretos, o inoportunos.

Por otro lado, no seas de las personas "tan buenas", que no saben decir "no". Ensaya y practica cómo decirlo. Para ganar y conservar amigos, crea un repertorio de diferentes maneras elegantes de decir "no", sin ofender ni disgustar a los demás.

No pierdes nada con ganar amigos.

A mí en ocasiones me han dicho un "no", tan diplomático ¡que he acabado por agradecerlo!

Asertividad incluye el arte de decir que "no" con elegancia y firmeza, sin maltratar. Debes desarrollarla para que puedas atreverte a confrontar situaciones con gente que te parece "difícil". Tendemos a evitar dichas personas y les concedemos sus deseos y exigencias, con tal "de que no se ponga peor la relación", que con toda seguridad se va a empeorar, o se debilitará.

Confrontar no es pelear ni atacar, es sencillamente dar la cara y decir lo que se siente, pero haciéndolo con tacto y diplomacia.

Pertenece a la fórmula de la "asertividad" el defender aquello que es justo y defendernos ante lo que no está bien. Si callas y no dices nada, pierdes el derecho a protestar. El que calla otorga, y el que no habla a tiempo, "que calle para siempre".

Para ganar y conservar amistades, te sugiero que desarrolles también la astucia de saber escapar a tiempo de situaciones amenazantes, peligrosas o que se tornen demasiado hostiles. Eso le da tiempo a todos para que se enfríen los ánimos, y piensen más claramente, porque en una agitación nadie piensa.

Si no puedes escapar físicamente, aléjate mentalmente. ¿Cómo? Pues imagínate alguna otra escena que sea más grata, como por ejemplo, te vas para la playa, en un viaje mental.

¿Si la persona dificil eres tú, entonces qué?

Pues te superas al manejar las situaciones del diario vivir que están impidiéndote cultivar la amistad.

No pierdes nada con ganar amigos.

ENTENDIENDONOS

¡Qué difícil es entendernos! Aunque hemos conquistado fronteras de la ciencia que parecían inalcanzables, aún resulta enigmática la química entre los seres humanos.

En ocasiones se nos hace tan fácil llevarnos con alguien...y otras veces, ¡nos separa una muralla invisible! Podemos experimentarlo en nuestro trabajo, con los amigos, y frecuentemente con nuestros seres más allegados. Por ejemplo, en la relación de pareja, formada a raíz de atracción mutua y el sentimiento de ternura que se conoce como amor, y que tantas veces se transforma en celos, hostilidad y hasta odio.

¿Y qué tal la relación entre padres e hijos? Se supone que sea siempre positiva, de apoyo, cariño y respeto, ¿verdad que sí? A veces, pero no siempre, y porque no sea ideal, no tenemos que sentirnos mal, pues siempre existe la posibilidad de que la relación padre - hijo no sea del todo agradable.

Quizás tengan agendas separadas, distintas, pues los deseos, necesidades y expectativas de los padres y los hijos son muy diferentes.

Existen ciertas cosas que los padres no registramos porque nuestra juventud fue hace tiempo y se nos olvidó cómo es el asunto, o no estamos sintonizados a lo que la nueva generación considera importante. Muchas veces algo que es crucial, casi de vida o muerte para un hijo o hija, puede ser visto como la tontería más grande por el padre.

Así es y así fue...pero, ¿tiene que seguir así, o podemos cambiar?

En la relación pareja se puede dar un choque de personalidades, diferencias debidas a la crianza, experiencias, marcos de referencias y creencias, entre muchas otras cosas. Además de las diferencias por pertenecer a sexos opuestos.

En esta época de tanta agitación, prisa, temores y realidades trágicas, cada cual ambula envuelto en sus pensamientos y preocupaciones. Se nos hace muy difícil notar a los demás y darnos cuenta de lo que les pasa. Quizás por eso exista hoy tanta insensibilidad y tanto egoísmo.

Asumiendo la actitud de "no me importa" y de "que el otro se las arregle como pueda", la última frontera, la de las relaciones humanas, jamás será conquistada.

Entendiéndonos mejor nos podemos superar. Si no nos entendemos, no.

FORTALECE TUS RELACIONES

√ Identifícate con los sentimientos de la otra parte, no tienes que entender, ni aceptar su lógica.

√ Nadie puede leer la mente, ni saber lo que piensa otra persona, así que no lo intentes.

√ Guárdate tus consejos y tus críticas.

√ Lo que sientas, acéptalo y decláralo.

√ Cuando te hablen, esfuérzate por escuchar, no tienes que opinar, ni contestar inmediatamente.

√ Cuando te refieras a asuntos delicados, utiliza términos neutrales, de manera que no parezca que ya tomaste una posición.

√ Sé tolerante con las imperfecciones.

√ Mantén silencio ante los exabruptos de la otra persona.

√ Déjale saber de algo en lo que le admiras.

√ Sin presionar, permítele tiempo y espacio para que atienda, entienda y procese los asuntos.

√ Focaliza algún aspecto positivo de aquello que no te gusta. No es fácil, pero tampoco imposible.

√ Puedes negociar las diferencias, aunque no estén de acuerdo en todo.

√ Cuando veas venir alguna desavenencia, de-

bes detenerla a tiempo, ¡antes de que se ponga fea!
√ Pídele que te cuente cómo se siente, y cuéntale cómo tú te sientes. No critiques lo que escuches. Tu modelaje hará que te atienda igual, si no a la corta, a la larga.
√ Si hay crisis en su mundo, dale apoyo.
√ Cuídate de los tonos emocionales negativos en la voz. No es lo que dices, sino *cómo* lo dices.
√ Considera la posible reacción de la otra persona antes de tomar una decisión en algo que le atañe, y de ser posible, consúltale.
√ Si algo te incomoda, dilo. No pretendas que adivinen lo que piensas y cómo te sientes.
√ Si es una relación cercana, de intimidad, recuerda que no siempre tienen que hacer las cosas juntos, a veces hay que separarse, para no asfixiarse.

Para superarte y lograr que tus relaciones funcionen, necesitarás, además de estas estrategias, mucha maña, tesón, aguante, paciencia, sacrificio y también un buen sentido de humor. Aprende a reírte de ti.

Los individuos somos diferentes. No juzgues a los demás por tus propios sentimientos, o tus ideas. Permíteles ser como son, aunque no siempre ello te complazca.

Supérate, ¡fortaleciendo tus relaciones!

CON LA "C" DE CORTESIA

La Dra. Muriel James explora la dinámica del diálogo en las relaciones mediante "siete C", en palabras que describen formas de comunicarse:

Corrupción (es una forma negativa)
Coerción / Cobardía (son negativas)
Cortesía (puede ser negativa ó positiva)
Cooperación (+)
Compañerismo (+)
Compasión (+)
Comunión (+)

Según ella, en una interacción, el punto que divide los niveles negativos de los positivos es la *cortesía*. Pero ésta puede ser destructiva si encubre *coerción*, o es motivada por *cobardía*. Si la cortesía está basada en miedo, o llega como una amenaza cortés que disfraza la hostilidad, es manipulación.

Por ejemplo, es coerción: "Mucho cuidado con ___ que te puede pasar ___" y "Yo te lo digo por tu bien, te advierto que ___", y cobardía, en "No me molestó, está todo bien" (estando algo mal).

Otro escalafón inferior, en lo negativo, es la *corrupción*, cuando se mina la capacidad de otro para atender sus necesidades, o asumir responsabilidad, diciéndole cosas como: "Déjame ayudarte, que tú no sabes"...o..."No hagas eso que tú no puedes,"...o..."Es que tú nunca has podido hacer _____." Son mensajes dañinos que descualifican, pero llegan envueltos en una presentación de amabilidad.

Si la relación se mueve en un proceso hacia lo positivo, se estimulan la *cooperación* y la reciprocidad, convirtiéndose en *compañerismo* al compartir intereses y disfrutar la compañía el uno del otro.

Entonces se desarrolla la *compasión*, que es la empatía elevada a un nivel totalmente desprendido, donde se da por que sí, sin esperar recibir nada.

Por último, los involucrados en una relación positiva y de superación, encuentran común unión o sea *comunión*, cuando vibran en sintonía.

En el Tai Chi, que es una meditación en movimiento basada en las artes marciales, enseñan que en algunos momentos especiales, uno tiene la oportunidad de "caminar por el paraíso junto a otra persona", compenetrándose tanto, que se comparte eso tan bello que Muriel James llama *comunión*... Lo más sublime que se puede lograr en una relación .

Recuerda, que "las siete C", ayudan a descifrar las relaciones para lograr la superación.

La clave es...la "c" de *cortesía*.

UTILIZA LAS CARICIAS

En el modelo psicológico del *Análisis Transaccional* se les conoce como "caricias" a los mensajes que nos hacen sentir bien...o mal.

Existen caricias positivas gestuales, como un saludo, una sonrisa o una guiñadita, y caricias de tacto, como un apretón de manos, la mano sobre el hombro, una palmadita, un sobito en la espalda o un fuerte y sentido abrazo. Las caricias verbales pueden ser felicitando o reconociendo: "Qué bien te quedó"..."Me gusta como tú_____"..."Qué bonito tu_____". Reconocer algo bueno en otra persona no es alagar por cumplido, es "dar una caricia".

También uno mismo se confiere caricias, cuando se reconoce alguna cualidad, o logro. No es vanidad decirlo, si es cierto.

¡Podemos darnos permiso para validar las cosas buenas que tenemos!

La autoestima se fortalece, las relaciones se hacen más agradables, los empleados trabajan mejor, los hijos hacen con gusto sus tareas, en fin, que las caricias son la gasolina que hace funcionar alegre y feliz a la humanidad.

Hay estudios que demuestran al ser humano necesitando caricias diariamente, para sentirse reconocido, validado. Además, indican que aquél que no recibe sus caricias de forma positiva, llenará su cuota con caricias negativas, aunque sean regaños, golpes o insultos, con tal de sentirse reconocido y presente.

Eso explica porqué algunos se portan mal, o se equivocan, a propósito. ¡Es para que los reconozcan! Está de nuestra parte el tipo de caricias que vamos a buscar y el tipo de caricias que iremos repartiendo. Recuerda que el amor llama al amor y que el coraje trae más coraje. Tú escoges...

Es importante dar cariño, físicamente, pues a través de la piel se registran sensaciones altamente beneficiosas. En estos tiempos de litigios por hostigamiento sexual, debemos ser sensatos y precavidos, pero con personas de nuestra confianza no tenemos que abstenernos de comunicar amor.

¡Hay que romper esas barreras!

Cuando alguien trata de prospasarse se nota, es obvio, pero no olvidemos que cuando hay cariño genuino, también se siente.

¡Qué bien se siente!

Los que más necesitan caricias positivas son los niños. Por eso les enseñamos a darlas, dándoselas en cantidades industriales.

Las caricias serán el alimento y combustible... para tu superación y la de los tuyos.

AUMENTANDO LA AUTOESTIMA

La autoestima es una importante necesidad que debe ser atendida tanto en los niños como en los adultos. (*Psst...el secreto es que aumentándosela a otras personas, fortalecemos también la nuestra.*) Las personas de baja autoestima suelen menospreciarse, viendo a los demás como superiores, concediéndoles más importancia y valor, por lo que al tener poca fe en sus capacidades enfrentan las situaciones llenos de temores y dudas. Esto hace que se equivoquen, lo que confirma sus sospechas de que no sirven, que no son suficientemente buenos. A veces son individuos difíciles de tratar, y que pueden ser antipáticos. Algunos presentan una fachada de hostilidad y buscan dominar a los demás, atacando como medida defensiva. Se les dificulta ganar amigos, ser aceptados y no saben defender sus derechos apropiadamente.

Algunos expertos sugieren simples estrategias para ayudar a personas con necesidades específicas en el área de la autoestima.

Recuerda que fortaleciendo la autoestima en otros, cimentas la tuya. *(Psst.)*

Veamos que puedes hacer con:

√ los que no se atreven a tratar. Hazle la situación más cómoda, interesante y divertida, reconoce sus adelantos según van progresando y recuérdales sus logros pasados.

√ quienes se les dificulta hacer amigos. Crea situaciones y actividades donde participen socialmente, acompañándolos hasta que se sientan cómodos y puedan desenvolverse por sí solos.

√ los que no saben defender sus derechos. Cuando estén expresando alguna opinión o punto de vista, refuérzarles el derecho a hacerlo, exhortándo a que continúen y señalando que al defender y ayudar a otros están demostrando que pueden defenderse a sí mismos. ¡Que pueden hacerlo!

√ los perfeccionistas. Gana su confianza con amistad, para que no rechacen tus opiniones. Entonces, al conversar, menciona sus conductas y sus proyectos, enfatizando el valor que éstos tienen, pero enseñándoles a separar lo que hacen, de lo que son. Reconoce y acepta sus errores, tanto como los tuyos, como algo natural. Modela tolerancia ante lo imperfecto para que aprecien los puntos medios, evitando extremos de bueno/malo, ganar/perder,etc.

√ los que se sienten rechazados. Sé amigable, actuando con naturalidad en los saludos y al conversar. Reconóceles logros y ayúdalos a entender cualquier revés. En estos casos sí les señalamos sus fortalezas y cualidades.

Puedes superarte, aumentando la autoestima.

DANDO VALOR

Existe un truco de magia psicológica que ayuda a cambiar positivamente a las personas. La varita mágica se encuentra en la frase, "siempre dar valor".

Dar valor tiene dos significados, el primero, es reconocer lo que vale, darse cuenta de ello y entonces, decirlo, mencionarlo. (Requiere esfuerzo y atención, pero garantizo que los resultados son mágicos.)

Tradicionalmente, en nuestra cultura se busca el error, lo que está mal, los defectos, y se señalan. ¡Lo que hemos venido haciendo por generaciones! Padres a hijos, esposas a esposos (y viceversa), entre hermanos, tíos, abuelos, amigos, etc., etc. Supuestamente se ha hecho siempre con la sana intención de ayudar.

"Te digo lo que haces mal para que lo corrijas y no cometas más errores, así serás mejor _____".

Los estudios indican que esa costumbre crea un auto-concepto negativo en las personas, pues desarrollan mala opinión de sí mismos. Se sienten equivocados, inservibles, inútiles y torpes, aunque tengan mil bondades y virtudes y aunque hagan bien muchas cosas. Si no les señalamos lo bueno, lo ignorarán y sólo verán las deficiencias.

Los errores y las equivocaciones a todos nos hipnotizan y no vemos nada más, pero si soslayamos los errores, tolerando, cambiando nuestra actitud y señalando las cosas buenas, entonces sucede algo sorprendente: las personas sienten que pueden, que van bien, que sirven, que valen.

A consecuencia, cambian su auto-concepto y adquieren la seguridad y la confianza en sí mismos para enfrentarse a todo con una actitud positiva.

Sorprendentemente, como por magia, lo que antes se hacía mal ahora se irá corrigiendo automáticamente, sin tener que hacerle mucho caso.

¡Los errores se van eliminando poco a poco!

La clave es, siempre dar valor, reconocer lo bueno en todo el mundo y en todas las cosas.

Eso nos trae a la segunda definición del lema "dar valor": ayudar a que las personas sean más valientes, que no le tengan miedo ni al fracaso, ni a atreverse. ¡Que se superen!

Lo ideal es tener valor para tomarse riesgos calculados, y hacer las cosas buscando el nivel de excelencia personal, no la perfección.

¡Tremenda combinación! Un auto - concepto saludable, sintiéndose valiosos, junto a una actitud valiente ante la vida. Esto lo podemos hacer por los demás, y por nosotros mismos.

Recoges lo que siembras... recuerda que la magia psicológica es "siempre dar valor".

Dando valor nos superamos.

REFORZANDO

Repasemos el significado y el uso apropiado de ciertos principios de modificación de conducta que pueden ser útiles, en la casa, en el trabajo, y en las organizaciones. Estos pueden servir de ayuda a padres, y otros adultos que disciplinan muchachos, así cómo a ejecutivos y supervisores:

"*El refuerzo positivo*" es cuando algo agradable sucede como consecuencia de una conducta y promueve el que la conducta se repita. Podemos reforzar positívamente las conductas que deseamos ver más a menudo, para que vuelvan a emitirse, se aprendan y se mantengan.

"*El refuerzo negativo*" es cuando se promueve el que se deje de hacer algo aumentando o disminuyendo consecuencias desagradables. Como por ejemplo, reaccionando secamente, con desagrado ante las conductas inapropiadas y con agrado cuando éstas se disminuyen, o imponiendo restricción de algo: "haciendo eso no vas a poder tener_____."

"*El castigo*" va más allá del refuerzo negativo, pues conlleva pagar un precio por la ofensa. Es, lamentablemente, consecuencia favorecida en muchas áreas de nuestra sociedad y en cantidad de familias. El castigo hace pagar la ofensa con trabajo extra, humillación o golpes.

Castigo puede incluir la privación de actividades placenteras, lo que no está tan mal, siempre que no venga acompañada de regaños e insultos. Históricos estudios sobre la efectividad del castigo fueron realizados por el laureado psicólogo B.F. Skinner, quien probó que éste sólo produce la suspención temporera de la conducta castigada y no la elimina, volviendo a repetirse cuando las condiciones lo propician, como cuando no hay vigilancia. Debo enfatizar que los niños castigados con violencia aprenden a ser violentos.

BUENAS MANERAS DE REFORZAR

√ Llenando necesidades de amor, atención, refuerzo a la autoestima, seguridad y socialización, entre otras cosas. Podemos recompensar diciendo cuánto apreciamos y cuánto queremos, y con mensajes no verbales de aprobación, como sonrisas, asintiendo con la cabeza, elevando las cejas, etc. Un apretón de manos, una palmadita o un abrazo, si es apropiado, producen magníficos resultados. También al escuchar atentamente y premiando las buenas conductas o logros.

√ Reconoce lo bueno, ignorando lo malo. "Quien recibe atención por portarse bien, sigue haciéndolo, y quien la recibe por portarse mal también." Felicita delante de todos a quien esté haciéndolo bien.

√ Felicitando apropiadamente, señalas detallada y específicamente lo que merece la felicitación .

√ Dando claras instrucciones, con calma, se ofrecen datos específicos, pasos a seguir y ejemplos de lo que se espera que hagan y cómo deben hacerlo.

√ Usando premios acumulativos, sumando puntos, o sus equivalentes, refuerzas inmediatamente la conducta, y demuestras que una cadena de buenas actuaciones logra recompensas mayores posteriormente. Cierto número de puntos significarían un premio mayor, que puede ser negociado previamente.

√ Enseñándoles a reforzarse unos a otros, pidiéndoles que mencionen las cosas buenas que han observado en los demás, y en ellos mismos. En muchas ocasiones hay que corregir y llamar la atención para que las cosas funcionen. No predico que se ignore lo malo, sino que se diga lo bueno también. Que se diga lo bueno primero, usando "la técnica del 'Sandwich'", un pedazo de pan es una felicitación genuina (que va primero), el interior es el señalamiento de la conducta a superar o cambiar y el otro pedazo de pan al final es una validación de la persona o de algo en su trabajo. Así quedará contenta.

A nadie le gusta que le hablen "estrujao", predicaba el gran comediante puertorriqueño Adalberto Rodríguez, "Machuchal" (Q.E.P.D.). Sus palabras dejaron huella, y con su buen trato él siempre invitó a la superación.

Tú también puedes reforzar efectivamente, modificando conductas, ¡invitando a la superación!

HOY, HAZ SENTIR BIEN
A VARIAS PERSONAS.

DILES ALGO AGRADABLE Y COMENTA
SOBRE SU TRABAJO, O APARIENCIA.

OBSERVA EL EFECTO
QUE PRODUCEN TUS PALABRAS.

¡DISFRUTA LO BIEN QUE ESTO TE
HACE SENTIR!

EDIFICANDO

Sabemos lo importante que es dar valor, por medio de palabras de aliento, felicitando conductas que queremos reforzar y *edificándo* al dar "caricias" positivas a manos llenas. Encontré una lista de frases estimulantes que aumentarán tu repertorio de felicitaciones, para que edifiques a los tuyos. Aquí van:

"Lo lograste."
"Qué bueno eres."
"Eso está muy bien."
"Qué bien te quedó."
"Qué bueno verte funcionar así."
"Buen trabajo."
"Yo sabía que tú podías."
"Te distinguiste."
"Eso es estupendo."
"Está tremendo."
"Eso es correcto."
"Cada día lo haces mejor."
"Estuviste sensacional."
"Te quedó colosal."
"Qué bien, muy bien."

71

"Así se hace."

"Eres sobresaliente."

"Lo hiciste muy bien."

"Echa pa'lante."

"Sigue así, que vas bien."

"Me gustó eso."

"Me siento orgulloso de ti."

"Qué inteligente eres."

"Vas bien, muchacho(a), vas bien, "

"¡Eso es!"

"Te felicito."

"Bien por ti."

"Apúntate otra."

"A mí no me hubiera quedado tan bien."

"Te quedó increíble."

"Eso estuvo maravilloso."

"Te quedó bien lindo."

"Que mucho estás aprendiendo."

"Que mucho tú sabes."

"Te superaste."

"Lo haces fantástico."

"¡De campeonato!", etc. etc.

Inspírate con estas ideas, invéntate otras frases, y utilízalas, en especial con los niños, porque es muy cierto aquello de que "los niños son y serán lo que tú les dices".

Siembra frases de aliento, y cosecharás frutos con creces. Edifica, para que se superen y triunfen todos a tu alrededor. Así tú alcanzarás la excelencia.

ESCUCHANDO

Una sencilla estrategia para fortalecer destrezas de comunicación, y mantener buenas relaciones es aprender a escuchar. Oyes, con los oídos, *escuchas,* con la mente. Leí, o escuché decir, que pensamos de cinco a siete veces más palabras por minuto de lo que hablamos. Creo que por esa razón cuando alguien nos platica, la mente tiende a divagar, conjeturando, o desarrollando argumentos para contestar, evitando que nos concentremos en lo que la otra persona está tratando de comunicar.

Si pensáramos en lo que nos están diciendo y no en lo que vamos a contestar, podríamos controlar ese impulso tan natural de empezar a hablar tan pronto la persona hace una pausa, o se detiene a tomar aire.

Muchas veces nos lanzamos a decir nuestra historia sin que haga sentido con lo que nos acaban de decir. Es que por lo regular no atendemos al otro, por estar atendiendo a nuestra propia voz interior.

Los indios de Norteamérica dicen que para entender a otra persona debemos caminar una milla calzando sus mocasines. ¡Quítate los zapatos!

73

El secreto para mejorar la comunicación es:
√ oir con los oidos
√ escuchar con la mente
√ atender con el corazón
Sintonízate a los sentimientos que están detrás de la voz y las palabras. A esto se le llama *empatía*.

Ya conocías lo que son simpatía y antipatía, pues ahora sabes que *empatizar* es sintonizarse a los sentimientos de quien nos está hablando.

La comunicación más importante es aquella en la que tanto el emisor como el receptor vibran con la misma emoción. Para lograrlo tenemos que callar la boca y acallar la mente, cuando nos hablan.

Ah, y no siempre tenemos que contestar, porque uno está comunicándose aunque no diga una sola palabra. Mirando con atención y demostrando interés, comunicas a veces más que con una frase u oración.

En muchos casos resulta más beneficioso guardarnos nuestras opiniones y consejos, pues si juzgamos y reaccionamos demasiado pronto a lo que nos dicen, tomando una posición, la comunicación puede interrumpirse. Por eso es mejor presentar primero una posición neutral, para que así no amenacemos a la otra persona y le invitemos a que nos exprese lo que verdaderamente piensa y siente.

Para recibir información abre tu mente y escucha. Es comunicación de excelencia.

PRACTICA LA APERTURA

En la comunicación, la "apertura" trae grandes beneficios, si se utiliza apropiadamente.

El término aplica a una declaración de algo nuestro, privado, ofreciendo información voluntariamente, gesto que representa un riesgo, pues nos descubre ante la otra persona, o personas. Lo que revelamos, unido al tono emocional que usamos, produce efectos positivos, pues afecta, conmueve y estimula al que nos escucha.

Si un orador hace apertura ante una audiencia, derrumba las barreras que los separan y el público lo "adopta" emocionalmente. Se los gana.

En la interacción de uno con uno, de persona a persona, la apertura crea un espacio íntimo de confianza, respeto, aprecio y fe.

Se puede llegar al punto en que no vacilamos en hacer aperturas al decir lo que sentimos y pensamos, relatando verdades que antes ocultábamos.

Posiblemente, este momento de mutua confesión sea un punto culminante en la relación, ya bien entre padre e hijo, esposo y esposa, el profesional y su cliente, entre supervisor y supervisado.

En familia, nada más bello que un adulto compartiendo momentos de su historia personal.

"Tú no sabes, que cuando yo tenía tu edad..." y le cuenta el episodio de cuando cometió un error, o sintió algo muy especial, o aprendió una dura lección. El hijo o la hija, se identificará mejor con su padre y/o su madre, y tendrá más comprensión.

Quizás lo próximo que suceda sea una revelación de algo que ahora el hijo sabe que su papá o mamá va a entender y aceptar, pues reconoce que no son tan distintos.

La compenetración de corazón a corazón, es usualmente, producto de la apertura. "Usualmente" porque, como todo, esta regla tiene sus excepciones, ya que no todo el mundo es igual y no siempre las personas reaccionan como esperamos.

Algunos necesitan mucho más que una apertura para atreverse a ser ellos mismos, quizás por malas experiencias pasadas, cuando confiaron y fueron traicionados, cuando hablaron y les salió caro.

Una advertencia para el que tenga el deseo y el valor de experimentar con la apertura: debemos ser prudentes, pues no todo se puede comentar con todo el mundo.

Un poco de astucia, sana intención y mucha honestidad, son la clave para que funcione la apertura.

Supérate al comunicarte, con "apertura".

PREGUNTAS ABIERTAS

Las preguntas abiertas sirven para iniciar y mantener una conversación, y facilitan que una persona se exprese cómodamente al pedirle información sobre algún tema que conozca. Ofrecen la oportunidad de contestar como mejor convenga, sin sentir amenaza ni *interrogatorio*.

Se entiende mejor el concepto de "pregunta abierta" al compararlo con el de "pregunta cerrada".

Una pregunta cerrada es aquella que puede ser contestada simplemente con un "sí", un "no", o algún dato específico. Por ejemplo: "¿Te gusta vivir aquí?" se contestaría con un "sí", un "no", o "más o menos".

Haciendo una pregunta abierta facilitamos el que la otra persona comente, dé opiniones y abunde sobre el tema. Por ejemplo, "Cuéntame, ¿cómo es la vida aquí, en tu barrio?" o "Dime las razones por las que vives aquí".

Por costumbre, casi siempre la primera pregunta que se nos ocurre es "cerrada", no obstante, la podemos seguir con otra "abierta", como: "¿Qué cosas no te gustan de vivir aquí?" o "¿Qué te molesta en este vecindario?" Al pedir "cosas" o que den "razones", abrimos una puerta para que relate varias situaciones. A grandes rasgos, podemos decir que las preguntas "cerradas" son basadas en "qué", "quién", "cuándo", "dónde", y las preguntas abiertas son basadas en "cómo" y "por qué".

Puede ayudar preguntar en plural, "¿cuáles?", o "¿qué tipo de...?" y al preguntar de forma ambigua: "¿Qué se siente cuando..?" También hacemos preguntas abiertas pidiendo que "nos expliquen" o que "nos cuenten" esto, aquéllo, o "dame tu opinión de_____", "¿Qué me puedes decir sobre _____?", "¿Cuáles son tus impresiones de_____?"

Una vez la persona relata lo que quiere, puede o se le ocurre, y si hemos escuchado con atención lo que nos dice, entonces seleccionamos algún área o detalle que nos haya presentado y emitimos una pregunta cerrada, para precisar el dato. Por ejemplo, "Entre las cosas que me cuentas del barrio me interesó el asunto de los ruídos, ¿que ruído te molesta más?"

A un hijo podemos sustituirle las preguntas acostumbradas de "¿Con quién andabas? y "¿A dónde fuiste?", por "Cuéntame cómo te fue el sábado", y si contesta de forma cerrada: "Me fue bien.", añadirle: "¿Y qué cosas hiciste que te hicieron sentir bien?"

Como ves, practicando crear preguntas abiertas podemos superar nuestra capacidad para lograr excelencia en la comunicación.

¿En qué situaciones puedes utilizar las preguntas abiertas?

EVITA DISCUTIR

Hay personas a quienes les encanta discutir, pues la confrontación los energiza, haciéndoles sentir "super", mientras otros ni discuten ni le llevan la contraria ¡a nadie! Ambos extremos afectan las relaciones, por lo que sugiero aprender a diferir, sin discutir.

Veamos los pasos a seguir:

Conócete mejor. Observa tu estilo de comunicación y pídele opinión a personas de confianza para que puedas determinar cuán controvertible es tu conducta: ¡quizás no te has dado cuenta de lo que te está costando amistades!

Escucha tu propia voz. ¿Qué dices en cada situación...y cómo lo dices? Tus palabras, ¿son fuertes, rudas, hirientes? y tu tono de voz, ¿es alto? ¿es emotivo? ¿suena irónico, mandón, o quejoso?

Presta atención cuando te están hablando. Muchas veces las discusiones surgen de malos entendidos. Esfuérzate por entender el punto, la posición, del otro, y lo que dice, o lo que insinúa y no dice pero que comunica. Casi siempre pensamos en lo que vamos a decir cuando el otro se calle, o atendemos más a nuestra emoción que a la lógica y la razón.

Evita discutir cuando sientas enojo. Si nos domina la emoción, la lógica y la razón se van a la huelga. Respira profundo y cuenta hasta diez. ¡Cuenta hasta cien, si es preciso! *Salte del lugar.* Excúsate de alguna manera y aléjate. Cuando tengas más calma, puedes regresar a "analizar las diferencias". Recuerda que el que mantiene la calma siempre controla la situación.

Si no te puedes alejar físicamente, aléjate mentalmente, pensando en algo agradable. Eso no impedirá que escuches el mensaje de la otra persona y te servirá de filtro, manteniendo a raya los embates de la emoción.

No te ciegues por la emoción. Escoje cuándo y dónde es más apropiado dilucidar asuntos difíciles.

No contamines lo presente con molestias o asuntos pasados. Si debes discutir, atiéndelo en el momento. Evita decir: "Tú siempre..._____", o "tú nunca_____", o "cuántas veces_____", etc.

Escoje tus batallas. No pelees por cualquier tontería, ni con cualquier tonto.

Utiliza el tacto. Así evitarás que te levanten las invisibles murallas defensivas que le impiden a tus mensajes ser bien recibidos.

Mantén la cordialidad en toda conversación. Obrando con sabiduría evitamos lamentaciones.

Evitando discusiones innescesarias te elevas hacia la superación y la excelencia.

CONTROLA TUS PENSAMIENTOS

¿Cuando tienes una confrontación, pierdes el control, o te manejas exitosamente? Lo más seguro es que en esos momentos te dices algo en la mente que te provoca y revuelca emociones negativas. Son dos los factores que te presionan para que explotes, el primero es lo que está sucediendo y el segundo es lo que le estás añadiendo con los pensamientos: ¡leña al fuego! Vamos a repasar varios de éstos pensamientos que son como gasolina para la pelea. Si puedes identificar algunos como tuyos, haz conciencia de que sólo son pensamientos, y no tienes que obedecerlos. Aquí están:

"Siempre le da conmigo."

"¡Tengo coraje y no me puedo controlar!"

"Si sigue molestando, ¡le voy a dar!"

"No voy a dejar que me gane ésta."

"No voy a ceder."

"Se está burlando y no lo voy a permitir."

"A mí nada me sale bien."

"¡Me las voy a desquitar!"

"¡Ya no aguanto más!"

"¡Yo sigo pa'lante aunque me fastidie!"
"¡Aquí yo no valgo nada!"
"¡Me estoy alterando!"
"¡Yo no le permito eso a nadie!"
"¡Qué se vaya al infierno!"
Ante el ataque de los pensamientos destructivos podemos producir otros que pueden aliviar emociones negativas. Es como el cuento del "diablito y el angelito" que hemos visto en las caricaturas.
Está de nuestra parte controlar los pensamientos. Mentalmente podemos decirnos cosas positivas que nos calmen, para no perder el control, como:
"Yo no voy a dejar que me saque de quicio."
"Todo tiene solución."
"Yo prefiero no discutir."
"No tengo que descontrolarme por esto."
"No le voy a hacer caso."
"No debo pensar mal."
"Yo soy un general aguantando."
"Mejor es ir suave y pensarlo mejor."
"Esto no es importante."
"Yo valgo mucho para dejarme provocar."
"Me voy a controlar."
"Déjame esperar a ver qué pasa."
"No me voy a dejar sacar el monstruo".
Si tienes un monstruo tipo "HULK" adentro y dejas que los demás lo provoquen ¡te lo van sacar!, y ¿quién paga las consecuencias?
Identifica tus pensamientos negativos, y luego ¡cámbialos por buenos!

JUGANDO AL "TOMA Y DAME"

En la " doble ganancia del toma y dame" está basada la estrategia de negociación más efectiva.

Una negociación es el proceso mediante el cual una persona obtiene de otra aquello que desea o necesita. Esto sucede a diario, en todas partes y en todo momento. Puede ser tan sencilla la negociación como el decidir que película van a ver, dónde ir a comer, o tan compleja como una negociación obrero patronal.

Como el conflicto es parte integral de diario vivir, creo conveniente tener algunas nociones sobre qué es, y cómo se maneja, una negociación.

En ocasiones negociamos con nosotros mismos, como cuando nos convencemos de hacer o decir algo. En especial, cuando lo que deseamos está bajo el control de otro, o de otros, y no está disponible, nos hacemos de la idea de que lo que deseábamos no era tan importante, y nos conformamos con lo que tenemos, o con aquello que conseguimos.

Es indispensable que sepamos diferenciar entre lo que es simplemente un deseo y lo que constituye una verdadera necesidad. Por ejemplo, cuando inicié labores como psicólogo, durante un tiempo me tuve que mover por los pueblos de Puerto Rico. Deseaba viajar en un vehículo de último modelo y con todas las comodidades, pero lamentablemente lo que tenía disponible (dentro del presupuesto) era un carrito, que aunque me llevaba a los sitios sin fallar, no tenía ningún lujo. Aunque no complacía todos mis deseos, resolvía mi necesidad. Pude negociar conmigo mismo y aceptar que el carrito no estaba tan mal.

Existen tres posiciones básicas que se pueden asumir al negociar. Estas son:

1- Dar, o ceder con miras a recibir.

2- No soltar prenda hasta que se nos conceda algo primero. "Marineritos sobre cubierta", o como dicen los chinos "no ticket no laundry".

3- Exigir que le den a uno, sin tener que dar nada a cambio..." ¡a ver si nos convencen!"

Se pueden analizar muchas transacciones utilizando estos tres esquemas.

Cuando uno da y el otro recibe, para luego también conceder, la cosa va bien. De igual forma, cuando los dos dan y reciben a la vez, que es lo ideal. Lo malo es cuando alguien se tranca a que le den y no suelta nada, pues el otro se puede cansar de ser quien cede sin recibir nada a cambio, ¡y se acabó el negocio!

Cada parte debe obtener algo que desea o necesita. Ante las necesidades de uno se dan las concesiones del otro, y viceversa. Cuando ambas partes salen ganando, todo el mundo está contento y el negocio funciona. Ahí, en la doble ganancia, reside el secreto del " toma y dame"...Es la estrategia ideal.

SUMANDO UNO +UNO = TRES

¿Cuán independiente eres, a nivel personal? Independencia es, no depender, y nosotros, como individuos, lamentablemente somos muy dependientes, pues dependemos de otras personas, de las instituciones, del gobierno, de la suerte...y de mil cosas más. ¡Nos inmoviliza la dependencia! Los hijos se pasan casi toda la vida dependiendo de sus padres y los padres dependen de la dependencia de los hijos, para sentirse útiles y necesitados. Quizás por eso no se facilita el despegarse. ¡No cortan el cordón umbilical! Al parecer ignoramos que la mejor prueba del éxito de los padres es cuán autosuficientes resultan los hijos. Cuánto se atreven a valerse por sí mismos, a pararse sobre sus propios pies. Aunque nos duela y asuste, hay que dejar que el pichón vuele solo, y que se dé sus golpetazos. Los golpes enseñan.

La ley de la gravedad es la mejor maestra.

Cuando hay dependencia enfermiza, entre dos personas, es porque solos no se sienten completos. Uno le suple al otro lo que le hace falta y viceversa. Esa relación simbiótica puede representarse en la fór-

85

mula: medio más medio es igual a uno: $1/2 + 1/2 = 1$ (media persona, más media persona hacen una persona completa).

Quienes se sienten inferiores o superiores a la otra persona en una relación, crean la fórmula medio más uno es igual a uno y medio.

$1/2 + 1 = 1 \ 1/2$

Esta fórmula, que no sirve, se da mucho entre padres e hijos de cualquier edad, cuando el padre o la madre los tratan como incapaces o deficientes, creyendo que valen menos.

La interdependencia es saludable en algunos momentos durante etapas de una relación, pero sólo temporeramente, para manejar una crisis. Esto se ve mucho en las parejas de matrimonios jóvenes, al principio. Pero que quede claro: la relación donde uno se percibe como menos valioso nunca es saludable. En una democracia todos valemos uno, desde el barrendero hasta el presidente.

Nuestros hijos, ¿cuánto valen? Pues uno, al igual que sus padres. ¡Cuenten con ellos!, háblenles, consulten sus sentimientos, opiniones e ideas.

Cuando pensamos que un hijo vale menos, tendemos a sobreprotegerlo con el "ay bendito" y el "pobrecito". Así no le damos la oportunidad de crecer, física, mental ni emocionalmente.

Hay que fomentar la autosuficiencia, la independencia, como algo digno de cultivar toda la vida. Además, resulta un magnífico negocio, porque en la matemática de las relaciones, la ecuación uno completo más uno completo siempre suma tres.

$$1 + 1 = 3$$

¡Uno más uno, es igual a tres!

Salen ganando todos.

Cuando se relacionan personas seguras de sí mismas y autosuficientes, estas personas juntas producen un valor adicional, el valor que representa su colaboración. Es como crear una tercera entidad, un ser adicional: " la pareja", si es en una relación sentimental, o el " dúo", el " equipo", etc.

Estos son los casos en que obra el fenómeno sinergístico, cuando se produce en él un resultado mayor a la suma de las partes.

Las personas que son en verdad independientes resuelven sus propios problemas sin depender de su mami, su papi, el nene, la vecina, el gobierno... aplican aquello de "ayúdate que yo te ayudaré".

Si estás en ese grupo, te felicito de todo corazón, disfruta de tu independencia con orgullo.

Te estás superando.

Mas importante que el traje ...
es quien lo lleva puesto.

SUPERA LA BRECHA GENERACIONAL

Todos conocemos "la brecha generacional", distancia que se crea entre padres e hijos durante las difíciles etapas del desarrollo, el alejamiento natural y esperado que ocurre de generación en generación. Los padres que hoy lo sufren, dieron "trabajo" también a sus padres, y ellos a los suyos y etc.,etc. Obviamente las cosas no son de la misma manera en todos los casos, pues como en todo, existen diferencias individuales, y algunos hijos no se rebelan tan abiertamente como otros.

La naturaleza los obliga a diferir por virtud de su maduración cerebral, al atravesar por nuevos procesos en sus vidas. Ahora entienden unas cosas, creen entender otras, ¡y todo lo cuestionan!

Los más jóvenes se sugestionan con la falsa idea de infalibilidad, y el que puedan darse cuenta o analizar asuntos, los hace llegar a conclusiones, rechazando opiniones contrarias, ¡más aún las que provienen de los padres!, a quienes le atribuyen ignorancia crasa y poca capacidad: "¡Mami, no sabes nada, tú no entiendes como son ahora las cosas!"

Adolecen de la amplitud mental y la flexibilidad que vienen con los años...y con la experiencia . Cuando sobrevienen las diferencias con sus hijos y dichas cualidades no se han desarrollado totalmente en los padres, el problema es mayor.

Quiero compartir un simple ejercicio de comunicación que he utilizado con magníficos resultados en sesiones de terapia familiar, pues facilita la comprensión. Se debe hacer uno con uno, en privado, padre e hija,madre e hijo, o el padre con el hijo, etc.

La dinámica está basada en siete preguntas facilitadoras, que abren avenidas de exploración, generando otras preguntas y propiciando conversaciones llenas de descubrimiento. Se van haciendo alternadamente (el padre al hijo y viceversa), y cuando se agota el tema, se hace la próxima pregunta.

El padre (o la madre) comienza preguntando :
"¿Qué tú encuentras que hago bien como padre ?"
Cuando el hijo contesta, le escucha con atención. Puede pedir aclaraciones, pero se evita emitir juicios o hacer señalamientos que perjudiquen la apertura. Así el hijo o la hija sabrá como actuar cuando al padre o a la madre le toque contestar sus preguntas.

El hijo o hija hace la segunda pregunta :
"¿Cómo eras tú cuando tenías mi edad?"
Contestación cándida y con lujo de detalles.
Nuevamente le toca el turno al progenitor:
"¿En qué puedo mejorar como padre/madre?"
Luego, el hijo pregunta:
"¿Cómo era tu relación con tu papá (o mamá)?"
Nuevamente, que hayan candidez y detalles.

Entonces el padre pregunta:
"¿Qué cambiarías de cómo yo me porto contigo?"
El hijo pregunta:
"¿Qué cosas son las más que te gustan de mí?"
* **Aclaración importante:
En estos momentos, queridos papá y mamá, por favor, digan sólo lo bueno, sin regañar ni decir lo que no les gusta. No aprovechen la situación para señalar conductas ideales o esperadas, ¡porque les va a costar muy caro ¡Sé que es grande la tentación de moralizar, ¡pero tienen que controlarse!
Para terminar, el padre o la madre hacen la última pregunta de la sesión:
"¿Qué te gusta de cómo yo soy contigo?"
Cierran el ejercicio agradeciendo la oportunidad de compartir, dándose cariñitos y ¡a festejar!
Nota: esta dinámica funciona con padres e hijos de cualquier edad.
No desaprovechen la oportunidad de conocerse mejor - mientras aún se tienen.
Supérense, superando la brecha entre las generaciones...y superando las diferencias.

A veces, para celebrar
hace falta una excusa...
Y yo me pregunto, estar vivos,
¿no es razón suficiente?

PROMUEVE EL ABRAZO

Si quieres crear conciencia de lo importante que es dar amor, utiliza el recurso natural del abrazo. Mi padre, Don Bernardo "Sonny" Herger, era un hombre alto y corpulento. Tarde en su vida, y como antídoto a la soledad por la pérdida de su esposa (mi madre), emprendimos juntos una incansable búsqueda de la superación, llendo a seminarios y talleres. En uno de éstos, aprendimos el valor de abrazar y una especie de "rutina" humorística dramatizando las diferentes maneras como las personas se abrazan. Desde entonces, en cuanta reunión se encontraba, mi padre era el principal promotor del abrazo.

Hoy día, muchos años después de su muerte, recibo abrazos de personas a quienes mi padre enseñó a abrazar, con su inolvidable abrazo de "papa oso".

Por eso, voy a sugerir, en su nombre, establecer una cadena *de persona a persona*, donde reclutemos voluntarios que ayuden a difundir el mensaje y el valor del abrazo. ¡Vamos a propagar el abrazo!

Hace algún tiempo, junto a un grupo de amigos, diseñé una campaña en pro del abrazo. Utilizamos argumentos muy concretos. ¿Los quieres conocer?

√ El abrazo es natural, sano, energético, terapéutico y necesario para disfrutar plenamente la vida.

√ Acerca a las personas, eliminando barreras.

√ Simboliza y expresa amor, perdón, comprensión, amistad, compasión y apoyo.

√ Traspasa diferencias culturales, políticas, sociales y religiosas, reforzando la armonía, la solidaridad, los lazos afectivos y la salud mental.

√ Dar abrazos beneficia igual que recibirlos.

√ Promover el abrazo fortalece las relaciones, fomenta la amistad, el buen trato y la calidad de vida.

√ Se evita el recrudecimiento en el trato interpersonal, solidificando los vínculos familiares y comunitarios, mediante el abrazo.

√ La violencia y la agresividad que nos provocan la división y el distanciamiento, pueden ir disminuyendo, si nos abrazamos más.

La idea funciona. Naturalmente, se empieza con amigos y familiares. A los desconocidos le hacemos en grupo, con cautela, esta presentación:

"Hola, somos (nos presentamos) y estamos haciéndole campaña al abrazo, para rescatar el amor que se ha perdido en nuestra sociedad. Si usted desea unirse a nosotros, puede transmitir el mensaje a tres personas más, pidiéndoles un abrazo. ¿Quiere participar?" Esperábamos la respuesta, y si aceptaba, continuábamos con: *"¡Pues venga un abrazo!"*

Supera tus brechas y rompe las barreras...

¡Promueve el abrazo!

JUEGOS DE LA GENTE

En su libro "Games People Play", Eric Berne presenta el "Análisis Transaccional" describiendo ciertos "juegos" psicológicos que utilizamos a partir de circunstancias familiares, de experiencias durante el desarrollo, o por ejemplos que nos impactan e imitamos. Conductas que al resultar efectivas en un momento dado, seguimos utilizando, inapropiadamente.

Mis adaptaciones libres y simplificadas de algunas ideas propuestas por Berne y sus seguidores:

"¡Ajá!"- quien juega esto se la pasa buscando y señalándole las faltas a los demás.

"Juez y jurado"- aquí se cree superior, o cualificado para juzgar y condenar a los demás.

"No es culpa mía"- reparte las culpas entre la gente, las circunstancias o la suerte, con tal de no cargar con la responsabilidad.

"Mira cómo tú me tienes"- culpa a otra persona por sus estados de ánimo o pobre condición.

"Siempre pierdo y abusan de mí"- se siente víctima de todo y de todos.

"Es que yo no puedo"- utiliza alguna deficiencia física o enfermedad, para obtener lástima.

"Me las cobro"- cuando siente el derecho de atacar, herir o dañar, al considerarse víctima.

"Yo soy más inteligente"- intenta dominar continuamente, tomándole el pelo a los demás o ganándoles de alguna manera.

"Yo puedo más que tú"- por sacarle un ojo al otro se saca los dos.

"Psicólogo"-utilizando familiaridad con ciertos conceptos, procede a analizar y aconsejar a los demás, como si hubiera estudiado psicoterapia.

"Artista" - dice y hace todo con exageración, intentando acaparar la atención.

"¡A escapar!"- cuando algo se le pone difícil, abandona la gente y huye de las situaciones, evitando poner a prueba sus capacidades.

"Madre Teresa" - socorre a otros, manteniéndolos dependientes, para sentir que se le necesita.

"¡Yo cargo la cruz!"- se responsabiliza por personas y sus problemas (como de un alcohólico).

"Juana de Arco"- como madre o esposa, se entrega a la hoguera del sacrificio con abnegación.

"Es que yo no sé"- haciéndose que no entiende, evita pasar trabajo.

"¡Oops!", se equivoca a propósito para que le rescaten, ganando simpatías al actuar con torpeza.

"Me lo merezco"- busca que se le castigue, equivocándose a propósito.

"Cúcame Pedro"- invita, tienta o provoca una conducta que luego rechaza con indignación, negando la provocación y alegando inocencia.

"Es que tú eres tan especial "- un descarado intento de manipular a otra persona con elogios .

"Es más fuerte que yo"- justifica excesos en comida, bebida, drogas, juego, infidelidad o malas conductas, alegando que no lo puede evitar.

"Es que yo soy así"- sigue el patrón anterior, culpando una condición o al destino.

"Pobre de mí"- cuando se auto-compadece. Ese es uno de los más comunes, *" pobrecito yo"*.

Se han identificado muchísimos de estos juegos psicológicos, pero con esta pequeña muestra me pude divertir adaptando algunos de los nombres a mi antojo. Son estrategias comúnmente utilizadas por "casi" todos en nuestro afán inconsciente de sobrevivir emocionalmente, día tras día.

Si te identificas en ciertos juegos, o reconoces alguien que los use, te recomiendo que observes, estudies y manejes el caso con sabiduría. No juegues tú al *"Psicólogo"*, que para cambiar los patrones de conducta mal-adaptativa se necesita la ayuda de un verdadero profesional de la conducta.

Recuerda que hacen falta dos para jugar y que si uno no responde, no hay juego. Además, si se cambian las reglas o se evita repetir las respuestas acostumbradas, se pueden transformar totalmente los resultados del evento.

El que se supera no necesita estos enfermizos juegos psicológicos, pero reconoce cuando viene la manipulación, y los evita.

¡El juego de la vida es su evento mayor!

*Llama a alguien que hace tiempo
no contactas y dile:
"estaba pensando en ti, y me dieron
deseos de hablarte"...*

*Deja que te conteste y escucha el tono
emocional de sus palabras,
mientras calladamente sonríes...*

Imagínate su cara.

¡PAZ ENTRE LOS SEXOS!

Además de los tradicionales papeles de esposa, madre y ama de casa, ahora muchas mujeres tienen que trabajar y competir profesionalmente con los hombres, gestión que requiere superación personal. Les resulta difícil hacer todo esto mientras tratan de mantener un delicado balance entre las necesidades personales, la vida familiar, y las exigencias de una profesión. Sea casada, viuda o divorciada, con hijos, o soltera viviendo sola, euidando de sí misma, como mujer que trabaja, ella cumple múltiples tareas.

Como empleada, en ocasiones recibe remuneración económica, y/o un *status* menor que su contraparte masculino, injustas limitaciones por pertenecer al llamado "sexo débil".

La sociedad, las tradiciones culturales y familiares le imponen, le exigen a la mujer, conductas y sacrificios que en muchos casos no compaginan con la realidad de los días que estamos viviendo.

Cuando no tiene la suficiente energía o el peso es tanto que da algún tropezón, se le critica y se le echa toda la culpa. Muchas presiones ocultas la agobian, como por ejemplo, la idea de que la estabilidad del matrimonio y la paz del hogar son responsabilidad de la mujer. Si el matrimonio no funciona entonces es porque ella fracasó, "¡no supo retener al hombre!". Eso es injusto, pues la empresa matrimonial es una sociedad, *"fifty, fifty"*, mitad y mitad.

La cultura promueve una visión machista de cómo deben ser las cosas. "El hombre es de la calle..." Ese machismo latino es uno de los principales factores que entorpece la interacción hombre-mujer en nuestra sociedad. Considero imprescindible aclarar la visión en torno a este fenómeno que tanto afecta a ambos sexos, pero ese tema requiere estudio y discusión que dejaremos para otra ocasión...

Pensar que a la mujer que defiende sus derechos se le tilda de agresiva, brava, hombruna, o sabe Dios de qué. El comportamiento social que se espera de ella es sumisión, encanto femenino, coquetería y llanto. ¡Esas actitudes tienen que cambiar!

La confusión de roles y el mucho estrés que sufre la mujer con todos los asuntos pertinentes a la compleja situación contemporánea, los prejuicios, la falta de información y la información inexacta e incompleta, ocasionan grandes problemas, malos entendidos y quebranto psicológico a ambos sexos.

Hay que informar a la mujer, no para que pelee mejor con el hombre, sino para que haya mayor compresión. Al hombre también hay que educarlo, ya que muchas de estas agobiantes conductas son aprendidas. Tratemos de poner finalmente la paz, en esta estúpida " batalla de los sexos", ¡por favor!

LA RELACION AMOROSA
Recomendaciones para parejas.

En las siguientes páginas esbozaré ideas que pueden ayudarte en la relación de pareja.

Quiero desenmascarar al "amor romántico", escollo para la superación en la vida de muchas personas. El "amor a primera vista", suena muy bonito en poemas y canciones, pero en vivo,¡decepciona! El término correcto a usar sería "infatuación".

Para que la relación crezca y prospere necesita tener una base sólida, pero en muchos casos las personas se enamoran y se casan llenas de ilusiones y con *ceguera parcial*. No ven los defectos del "ser amado".

Mientras dure la "luna de miel" afectiva, seguirán idealizándose, pero un día el globo se explotará con las espinas llamadas *carácter* y *personalidad*.

Esas personas probablemente no tenían mucho en común hasta que se conocieron y se gustaron. Provienen de familias con estilos de crianza distintos y en términos sociales, educativos, personales y sentimentales, tienen marcos de refencia muy diferentes.

En fin, que cada cual llega al matrimonio con su peculiar manera de interpretar el mundo, y cuando se descorre el velo de la ilusión comienzan a verse las diferencias, descubriendo manías, hábitos y "preferencias", exigencias, puntos de vista, influencias de las familias de uno y otro, etc.,etc.

¡Se pone a prueba el "amor"!

La colisión puede tardar meses o llega tan rápido como un rayo. Cada pareja tiene su historia. Como quiera que sea, para esa eventualidad pocos se encuentran preparados, porque la campaña promocional que ha recibido y recibe el "amor" en poemas, canciones, novelas, películas y demás, llena de fantasía y grandes expectativas a los simples mortales que reciben los flechazos de Cupido.

Pero no seamos tan pesimistas. "Que no cunda el pánico", ¡se puede! El amor puede sobrevivir.

Lo que hay que tener es calma.

Las hormonas que el cuerpo manufactura para facilitarnos el cumplir con la sagrada misión de la preservación de la especie no nos tienen que dominar la existencia o regir nuestras decisiones.

Simplemente, en tu relación de pareja, pon en práctica la receta para una base firme:

1- *Comienza con amistad.* Aprecio que trae apertura en la comunicación, sensata aceptación de defectos o limitaciones, y cultivo de confianza mutua.

2- *Sazona con genuina admiración.* Focalizan en logros, virtudes y características positivas.

3- *Saboréala en tiempo compartido.* Viviendo experiencias y emociones conducentes a lo que se puede llamar, el verdadero "AMOR".

Cocínalo a fuego lento, con cuidado, cariño, los pies en la tierra y mucha atención.

SOLIDIFICANDO LA PAREJA

Al comenzar la convivencia:

Para tolerar los detalles molestosos enfatiza siempre lo positivo, debatiendo en tu mente las ideas negativas que automáticamente se producen cuando surgen dificultades, y reconociendo que éstas son parte de nuestra naturaleza, pues preparan al ser humano para la defensa.

Si piensas "mi pareja no está ayudándome", o "me está haciendo daño", contrarresta, inmediatamente el pensamiento negativo añadiéndole un *pero,* como "pero es un ser lleno de amor, de bondad", etc. Enfatiza lo positivo, focaliza los puntos que te agradan. No sólo lo hagas en la mente, repíteselo a tu pareja. Te aseguro que no se cansará de oírlo.

Otra estrategia para fortalecer las relaciones, es evitar reciclar viejos agravios, porque eso tiene el efecto de instalar molestias que nunca terminan , que siguen aflorando...y cada vez perjudican más la relación. Olvídalos y resuelve la diferencia actual.

También es importante reconocer que ésta relación es una relación única, nueva, diferente. Lo que sucedió antes en las relaciones pasadas no tiene nada que ver con ésta.

Son otros tiempos, ustedes son diferentes. No es tu ex, ni tu papá, ni tu mamá, ni aquel novio, ni el esposo, o la esposa de tu pariente, sino esta persona.

Tenemos la tendencia a superimponer (como en los efectos fotográficos) una imagen del pasado sobre lo actual, y eso no nos permite ver a las personas y las cosas como realmente son, sin contaminación de otros tiempos. Ese fenómeno Freud lo llamó "imago". Espanta los fantasmas, que nada bueno traen.

Si un asunto te molesta, recuerda que tu relación está por encima de cualquier diferencia de opinión, y es mucho más valiosa que el tener razón o el ganar una discusión. La relación es lo que cuenta, no las victorias personales.

No busques ganacias a expensas de la relación, la relación va primero y está sobre todo.

Cuando haya diferencias, ¡pues a negociar se ha dicho! Sin tonos emocionales de coraje o desdén, sin emociones negativas.

Con suavidad y cautela presenta ambas opiniones y pide las modificaciones que los pueden ayudar a ser felices.

No necesariamente tienes que conseguir lo que quieres, se puede transar. Es el *toma y dame*, " tú cedes un poco aquí y yo cedo por acá. Tú me complaces y yo a ti también". ¡Adelanta tu relación!

PROTEGE TU RELACION
Vamos aver como se protege y fortalece la relación amorosa para lograr la superación. Piensa:

Cuando en la relación de pareja te tropiezas con cosas que no son de tu agrado, ¿qué haces?

¿Lo dices enseguida o callas?

¿Vas guardando las molestias para cuando surja una peleíta y entonces tirarlas todas juntas? Estás entrando a terreno apache. Cuidado. Los problemas hay que enfrentarlos a tiempo, mientras más temprano mejor. Porque una cosa es lo que ha sucedido, otra es lo que creemos que sucedió y otra es todo aquello que le añadimos al darle vueltas en la mente. Rumiando sobre lo negativo generamos más molestia, pues se carga de añadiduras y de basura.

Te vas a sorprender al descubrir las tantas veces que erramos en la interpretación de un evento o de las intenciones detrás de una acción, o de unas palabras. Somos muy dados a tomar como personal todo lo que pasa a nuestro alrededor. Nos incomoda cualquier distracción o despiste de nuestra pareja, pues lo interpretamos como un rechazo o como una falta de atención "a lo nuestro".

Hay ocasiones, ojo, cuando es mucho mas conveniente callar y no decir lo que nos molesta, en el momento. Ocasiones cuando estamos alterados emocionalmente y sin darnos cuenta lo decimos como pelea, insulto, o explosivamente. Si nos callamos, y sabiamente esperamos que "nos baje la neura", en un momento más calmado presentamos el asunto con tranquilidad, sin atacar ni ofender.

Recuerda que tú puedes no estar de acuerdo con una conducta, pero eso no quiere decir que no quieras o que rechaces a la persona. Aprende pues, a separar la conducta de la persona y eso mantendrá tu relación sobre todas las diferencias.

Si tu pareja tiene un hábito que incomoda, como estar siempre tarde, o toma demasiado tiempo en prepararse o para hacer algo, te recomiendo que le busques la vuelta, para que no te moleste. Por ejemplo: acepta que no va a estar a tiempo y toma previsiones, adelantando la hora, empezando más temprano o haciendo arreglos que acomoden esta tendencia de tu pareja. Muchos pensarán que esto es ceder y ser débil, pero recuerda que la salud de la relación es más importante que ganar una discusión.

Las cantaletas recrudecen los comportamientos, no los arreglan.

A la buena se logra más que a la mala.

Estamos hablando de relaciones amorosas, recuerda. Hay tanta gente que convierte las relaciones amorosas en lucha, pelea y discordia, que a veces me pregunto si están en la relación por amor o por una razón enfermiza, digna de análisis psicológico.

DEMUESTRA TU AMOR

Hay muchas maneras ingeniosas de dejarle saber a tu pareja el amor que sientes. Demuéstralo:

√ Dándole un besito al encontrarse o al despedirse. Es un detalle que a veces se nos olvida.

√ En las salidas, alternen espontáneamente la responsabilidad de pagar la cuenta.

√ Cuando tu pareja esté haciendo algo que no le esté quedando bien, hazte de la vista larga.

√ Mantén la costumbre de coquetearle a tu pa-

reja, especialmente cuando salen.
√ Si alguna vez están peleando, pide una tregua, para hacer algo que a ambos le guste mucho... después siguen peleando, si pueden.

√ Déjale notitas cariñosas en diferentes lugares, para que las descubra (en el maletín, en la cartera, en una gaveta, en la nevera, en el carro). Postalitas de amor, o simplemente mensajes en manuscrito.

√ A la hora de almuerzo, de vez en cuando, cítense en algún lugar, o después de horas de trabajo, reúnanse para tomar algo, o cenar.

√ Cuando cenen fuera, pidan platos diferentes y compártanlos.

√ Dense las gracias por esos pequeños detalles, esas ayuditas que a veces ignoramos.

√ La próxima vez que haga aquello que te saca de quicio, no digas nada.

√ Si te regala algo que no te gusta, úsalo.

√ Si ves que tu pareja esta esforzándose por lograr algo difícil, como mantener una dieta, o imponerse un régimen de ejercicios, o romper con un hábito, dale mucho, mucho apoyo; que sienta que estás de su parte y sabes que podrá hacerlo.

√ Di cosas buenas sobre tu pareja. Dícelas a tu pareja y dilas a otras personas también.

√ Si le das una listita de cosas por hacer, añádele sorpresitas, como por ejemplo: "pensar en mí", "darme un beso", etc.

√ Si sabes que tiene un evento importante, puedes llamar para dejarle saber que le desas suerte.

√ De vez en cuando pídele un cariñito.

√ Si explota con un exabrupto de mal humor, no digas nada, no contestes.

√ Dile las cosas que le admiras y por qué.

√ Evita hacerle sentir que está mal (si lo está).

√ De vez en cuando cómprale un regalito, aunque sea una bobería.

√ Permítele que tenga su tiempo y sus espacios para sus cosas. No invadas todos sus momentos.

√ Escúchale sus quejas y las historias de lo que le pasó durante el día, pero sin dar opinión ni emitir juicios (aunque se te haga difícil).

√ Acostúmbrate a darle toquecitos y apretoncitos de cariño, cada vez que estén cerca.

√ Hagan muchas cosas juntos, o simplemente, estando ahí, mientras tu pareja realiza alguna labor.

√ Bésense en mitad de una conversación.

√ No le regañes ni le des órdenes.

√ Practica la tolerancia y la paciencia.

√ Evita hacer comentarios que puedan ocasionar un mal rato.

√ Adáptate a lo que te resulte incómodo, como sus manías, por ejemplo.

√ Expresa lo que sientes con creatividad, en nuevas maneras de decir "te quiero, no importa que".

√ Salgan de aventura , sin planificar.

Solidifica, proteje tu relación amorosa y demuestra tu amor con muchas "caricias" para que se superen ambos.

¡En pareja!

Con o sin pareja...para superarte,
¡CUIDATE!

RECONOCE
TUS PROPIAS BONDADES ...

AGRADECE LO QUE DIOS TE DIO ...
MENCIONALO ...
USALO ...
VIVELO...
COMPARTELO ...
DESARROLLALO ...

ELEVATE SIEMPRE
HASTA SER TU MAXIMA EXPRESION...
SUPERARTE,
¡ ESE ES TU DEBER !

CUESTION DE AUTOESTIMA

En muchas conversaciones se intercambian opiniones como éstas: "Fulano tiene su autoestima por el piso"..."Sutano tiene tremenda autoestima..." "Tengo que trabajar con mi estima..." ¿De qué están hablando?
Hablan de la opinión que cada persona tiene de sí misma. Si es buena, mala o regular; se acepta o se rechaza; se exige mucho, o poco; vive para que lo acepten, o es una persona que se acepta a sí misma. El término autoestima representa cuánto se quiere y se respeta uno mismo; cuánto se da a querer y a respetar. En otras palabras, cuidarse, defenderse, perdonarse los errores y reconocerse los valores.

Todos tenemos un nivel particular de autoestima, que puede ser bajo o elevado, y en diferentes momentos ésta puede variar en intensidad.

Cuán alta o bajita, fuerte o lastimada se pueda tener, depende de las cosas que conjeturamos en las diferentes etapas de nuestro desarrollo, amén de lo que hacemos y pensamos en el presente, cuando formulamos la evaluación que hacemos nosotros, de nosotros mismos, momento a momento.

111

Mi autoestima tiene muchos años conmigo, me acompaña desde que yo era bien pequeñito. Creo que ésta empezó a desarrollárseme cuando lloraba en mi cuna, por la manera como respondían a mi llanto. ¿Me sentía importante? ¿Sentía que se preocupaban por mí? ¿Creí que merecía ser atendido rápidamente o esperar mucho tiempo? ¿Me sentía querido?

Esos conceptos seguramente no se verbalizaban como pensamientos, eran simples y vagas impresiones, pero me parece que estaban flotando por allí. Después...cuando intenté descubrir el mundo moviéndome por mí cuenta...echándole mano a cuanto encontraba y trepándome en sitios prohibidos, desobedecí, o "sin querer", olvidé las reglas. En aquellos momentos la tía Yaya, que nunca se casó, y podía cuidarme, ¡me daba cada regaño! Creo que en esas ocasiones la plantita de autoestima que dentro de mi crecía, se marchitó un poco, o se torció.

Pero me acuerdo de mi amigo Joey, a quien le fue muchísimo peor que a mí. ¡Le pegaban fuerte! Como era bien problemático también lo insultaban mucho. Según fue creciendo se hizo más travieso y arriesgado. Robaba, mentía, no cumplía su palabra y en la escuela estaba fracasado. Ya de adolescente se empezó a juntar con unos tipos bien sospechosos. Se adictó a las drogas y terminó preso.

Joey murió a los veintidós años. Lo mataron. Pero pienso que lo fueron matando desde antes, de poquito a poquito, ¡quien sabe!, cuestión de autoestima.

Los estudiosos de la conducta han encontrado que tener baja autoestima es un factor constante en los casos de delincuencia juvenil, uso de drogas y abuso emocional, físico y/o sexual.

No hay que buscar extremos antisociales para palpar los estragos de una autoestima lastimada.

He aquí algunas claras señales:

√ aislamiento
√ inseguridad
√ timidez
√ falta de motivación
√ auto-rechazo
√ juicio excesivamente crítico
√ insatisfacción propia, etc., etc.

Todas son situaciones que se presentan en las mejores familias, y que le pueden pasar a cualquiera.

¡Pero hay buenas noticias!

Existen estrategias psicológicas, sociales y espirituales para proteger y fortalecer la autoestima, en nuestros seres queridos, y especialmente en nosotros mismos. Se pueden aprender de libros, artículos, grupos de apoyo, seminarios, cintas de audio o video y especialmente en sesiones de psicoterapia individual o grupal.

El que siente la necesidad, busca ayuda, y el que busca, por lo regular encuentra.

Superarse, eso es cuestión de autoestima.

113

OBSERVA EL PATRON DE LAS NUBES EN EL CIELO DURANTE UN RATO...

COMPARALAS CON LOS COLORES DEL FONDO...RESPIRA PROFUNDO, Y...

¡ABSORBE LA INMENSIDAD!

DEJA LA PRISA

Vivir de prisa es característico en alguna gente joven que quiere *"comerse el mundo"*, sin pensar que hay un mañana, pues creen que se les va a acabar el tiempo."¿Por qué todo tiene que tardar tanto?", a veces preguntan en su inmadurez. Pero, cuidado, que los que no somos tan jóvenes corremos también el mismo peligro, en estos benditos tiempos de tanto ajoro. Si no somos precavidos caeremos en esa neurosis, atrapados por la corriente de la prisa, los temores y la desesperación. Conviene estar bien alerta a las señales de este dichoso desenfreno y por eso te digo: deja la prisa. Puedes hacer una sencilla prueba para determinar cuánto te envuelves en la vorágine o si todavía sabes relajarte ante las circunstancias. Simplemente contesta SI o NO a las siguientes aseveraciones :

1- Ya sea trabajando o jugando, siempre me apasiona competir.

2- A veces puedo darme permiso para estar sin hacer nada, sin sentirme incómodo, culpable o irresponsable.

3- Todo lo hago siguiendo reglas e instrucciones - "por el libro"...y contra el reloj.

4- Cuando me envuelvo en alguna tarea interesante, me desconecto del mundo.

5- Me molesta mucho la gente que se toma demasiado tiempo para hacer las cosas.

6- Puedo dejar algo para terminarlo luego sin que eso me incomode o me obsesione.

7- Para ganar tiempo yo trato de hacer mis cosas bien rapidito.

8- Esperando por algo o por alguien, o haciendo fila, me entretengo pensando, observando o leyendo.

9- Mis piernas se me mueven mucho cuando tengo que sentarme por largo rato.

10- Diariamente saco tiempo para descansar y dejar correr la imaginación.

11- Me siento tremendamente bien cuando tengo muchas cosas en las que ocuparme.

12- Casi siempre tengo paciencia y tolerancia con las demás personas.

13- Prefiero tener algo útil que hacer porque de lo contrario me intranquilizo.

14- Me gusta jugar por divertirme nada más, aunque gane o pierda, disfruto sólo con jugar.

15- El tiempo casi nunca me alcanza para llevar a cabo todos los asuntos que me propongo o "que tengo que hacer."

16- Cuando descanso, no me siento culpable por estar "de vago".

17- Los días libres los aprovecho para adelantar el trabajo que tengo pendiente.

18- A veces me gusta simplemente estar, aunque no haga nada en particular.

19- Para evitar la soledad siempre busco a alguien con quien entretenerme.

20- En ocasiones me impresiono con lo bello que está el cielo.

Bueno, creo que la clave para interpretar esta sencilla prueba salta a la vista: las oraciones con números *nones* son factores de urgencia y las *pares* son antídotos a la prisa. ¿Cuáles marcaste más? Estudia las oraciones para determinar cambios de conducta que te sean favorables. Alo mejor estás viviendo demasiado aprisa. Lo ideal es tomar las cosas con calma. Responsablemente, pero con calma.

Es importante ni exigirnos la perfección ni ser demasiado estrictos con nosotros mismos, aunque reforcemos el auto-control, para no caer en la indolencia o el posponer demasiado.

Evitando los extremos nos vamos liberando, y dejando la prisa... *tenemos que dejar prisa.*

*No siempre gana la carrera el que más
aprisa corre...
Más vale maña que fuerza...
Más que velocidad...resistencia.
Los últimos serán los primeros...
No van lejos los de alante, si...*

¿De cuántas maneras nos lo van a decir?

LA SABIA TORTUGA

El hombre de negocios norteamericano, Robert J. Ringer, se hizo famoso con los libros que escribió hace algunos años : *"Defendiendo al Número Uno (Looking out for No. 1)"* donde señala que para triunfar hay que saber defenderse bien, y *"Ganando Intimidando (Winning by Intimidation)"*, donde describe cómo sobrevivir ante los opositores más crueles que pueden encontrarse en el mundo de los negocios. En un libro más reciente*"Million Dollar Habits"*, él refuta algunas de sus posiciones anteriores, valida otras y aporta nuevas ideas para personas de inclinación empresarial. Es excelente.

Siempre me llamó la atención su "filosofía de la sabia tortuga", personaje que tomó prestado del viejo cuento de la tortuga que le ganó la carrera a la liebre. La describe en máximas que presenta a través de los diferentes capítulos de sus libros.

Quiero parafrasear a continuación algunas de sus simpatiquísimas "teorías de la tortuga", que concuerdan con la posición de "¡Supérate!":

* En la medida que ignores los comentarios

y actitudes neuróticas de personas "normales" y particularmente de personas "neuróticas", se te facilitará alcanzar al éxito.

* Si siempre piensas que vas a encontrar un mejor negocio más adelante, te paralizas. Si analizas, comparas y tienes el valor de tomar una decisión, te moverás hacia adelante.

* Cuando estés en una posición débil, debes defenderte para tratar de mantenerte en pie, pero sin envalentonarte demasiado. Esto es especialmente vital cuando el oponente es extremadamente poderoso o actúa irracionalmente.

* Los negocios son como cortejar, cada parte quiere lograr lo que aún no tiene y no siempre valoriza lo que ya consiguió. Debes planificar todas las estrategias de negociación tomando esto en consideración.

* El éxito que logres estará directamente relacionado a la cantidad de horas que dediques a las tareas, en absoluta concentración.

* Debes resistir toda tentación de atender asuntos periféricos que te distraigan de lo que es verdaderamente importante. Concéntrate en lo esencial, que es lo único que vale para triunfar.

* Ten mucha cautela con aquél que está en una situación desesperada. Como no tiene nada que perder, estará dispuesto a hacer cualquier cosa. Eso lo convierte en un oponente peligrosísimo.

* Trata todas tus relaciones pensando que

tarde o temprano volverán a encontrarse.
* *Las complicaciones en tu vida dependerán de tu insistencia de que las cosas sean como debieran ser, negándote a aceptarlas como realmente son.* Las cosas ni son como uno quiere, ni como aparentan, sino como son. O aceptas lo que hay, como es, y lo utilizas, o te trabajará en contra.
* *¡Tienes que apuntarlo todo!* No puedes depender de la memoria.
* *Ante lo inmenso del universo tus problemas resultan insignificantes.* Tómalos como reto, ¡disfruta la aventura de resolverlos!
* *Por lo regular alcanzas más éxito si marchas con tu propio paso, aunque sea un poco diferente al de los demás.*
No olvides que la sabia tortuga le ganó la carrera a la desenfrenada y veloz liebre usando la energía de su mente.
Tienes que pensar...antes de correr.
Aplica la sabiduría de la tortuga.

121

Cuando parezca que estás perdiendo el juego,
esfuérzate un tanto más.
Que la esperanza no se termine hasta que se haya
acabado el tiempo del evento...
Aún después, AUNQUE PIERDAS EL PARTIDO...
ganas en sabiduría, experiencia,
y en la satisfacción de haber dado lo mejor de ti...
porque te habrás superado,
persiguiendo el nivel de tu excelencia.

JUEGA CON EXCELENCIA

Se ha comparado la vida con un juego, donde unos son espectadores, y otros se lanzan al terreno a jugarse el todo por el todo, ¡con excelencia!

Si tienes dudas sobre tu ejecución, puedes aclararlas con el inventario para atletas que he adaptado y generalizado, aplicándolo al "juego de la vida".

De la siguiente lista de "preocupaciones de un atleta" mira a ver cuantas puedes identificar en ti, y márcalas, si quieres (y si te atreves):

___Me disgusta cómo jugué la última vez.

___¿Cómo jugaré ésta vez?

___¿Criticarán mi manera de jugar?

___¿Qué dirán de mi ejecución?

___¡No da tiempo para cumplir con todo!

___Tengo dificultades con mi pareja.

___Mi vida social está afectándose.

___Otros jugadores reciben mejor trato.

___Tengo dificultades con los dirigentes.

___¡Me afectan los problemas económicos!

___¡Me perturban los asuntos familiares!

___Tengo dificultades con los compañeros.

___Cada vez se me hace más difícil ganar.

___No estoy en buenas condiciones.

___¡No puedo fallarle a los míos!

___Tengo mucha tensión, me falta confianza.

___¡Me dominan pensamientos negativos!

___Este juego es demasiado importante.

___¿Podré concentrarme durante el juego?

___¡Distracciones, ruido, gente hablando!

___Mi equipo siempre está presionándome.

___No me he podido preparar bien.

___¡Tantas instrucciones a la vez confunden!

___El otro equipo está durísimo.

___Estoy cometiendo muchos errores.

___Debo ubicarme mejor.

___No cuentan conmigo ¡yo no les importo!

___Por más que trate no pego una.

___Los demás no me respaldan.

___¡Empecé mal este juego!

___Los demás son egoístas.

___No estoy dando lo mejor que puedo dar.

___Fulano(a) se cree que está jugando solo.

___Sutano(a) me está dejando jugar solo.

___Mi equipo está fallando.

___Lo hice bien y nadie me dijo nada.

___Están haciéndome trampa.

___Estoy desanimado.

___¡No voy a jugar más!

___¡Es que a mí me critican demasiado!

Analiza éstas aseveraciones para saber si estás asignándole la causa de tus desdichas a factores externos, o es que estás exigiéndote demasiado.

Estudia tus resultados, y piensa en las consecuencias de tus actos. En la cancha, en la oficina, la casa o en la calle, puedes estar escudándote, defendiéndote de pensamientos no conscientes que forman parte de la "programación" mental negativa en muchas personas.
Tal vez te dominan los mandatos:
"¡Gana aceptación y aplauso de todos!"
"¡Nunca te equivoques!"
Para combatirlos, te sugiero sugestiones conducentes a la "programación mental positiva", como:
"Me concentro en lo que estoy haciendo."
"Estoy totalmente en control."
"Nada me va a afectar."
"Siempre pienso en lo positivo."
"Mantengo la calma."
"Respiro profundamente."
"No dejo que nada me distraiga."
Además te puedes animar con palabras que generan energía, como por ejemplo:

"¡Atrévete!"	*"¡Cero miedo!"*
"¡Boom!"	*"¡Dale"*
"¡Adelante!"	*"¡Sigue!"*
"¡Vamos allá!"	*"¡Yes!"*
"¡Fuerza!"	*"¡Supérate!"*

Para desarrollar excelencia en lo que haces, tanto en los deportes, como en la vida misma, mantén tu orientación hacia la superación siempre, atendiendo constantemente ciertas áreas de importancia, como:
Destreza - coordinación, agilidad, velocidad.

Fortaleza - fuerza, resistencia, empuje.

Técnica - el "cómo se hacen" las cosas.

Cooperación - ayudar a los demás.

Fomentando la labor de equipo, planifica las jugadas, evita el querer controlar, sé desprendido y disfruta del éxito de tus compañeros. ¡Si ellos triunfan eso no quiere decir que tú pierdes! Disfruta su éxito. Con la mente controlas la disciplina, la moderación, las actitudes, el positivismo, el manejo emocional y el espíritu deportivo. En fin, que con mente positiva comandas seis elementos vitales para todo atleta. Estos comienzan con la letra "c":

Confianza, Compromiso, Consistencia, Calma, Concentración y Control.

El estado mental afectará tu cuerpo e influirá en tu ejecución, con ideas, imágenes, autosugestión y actitudes. A partir de los pensamientos se generarás las emociones que afectan tu atención, niveles de energía, ocasionando aumento o reducción de tensión.

La tensión muscular limitará tu flexibilidad física, y priva al cerebro del oxígeno necesario para pensar con claridad, elemento clave para alcanzar la máxima expresión de tu excelencia personal.

Tanto para los deportes, como en el juego de la vida, *aprende a relajar la mente y el cuerpo.*

El juego de la vida requiere tu excelencia. Da siempre el máximo, compite contra ti mismo.

Al jugar, suuuuuuuupérate cada vez más.

Juega con excelencia.

MADURA CON ELEGANCIA

Voy a recomendarte un librito humorístico con enseñanzas disfrazadas de chiste: "You Know When You're Grown Up When ...(Tu sabes que eres una persona adulta, cuando...)" por Jeanne Hanson. Ella identifica señales de madurez que podemos ir reconociendo, para *madurar con humor y elegancia.*

Como ya pasé de los cincuenta, me sentí aludido e inspirado con algunas de sus ideas, que te parafraseo a continuación, añadiéndole otras que se me han ido ocurriendo al paso, y que te ofrezco como señales de que has llegado, con elegancia, a la madurez, no importa tu edad:

Reconoces la guerra que le diste a tus papás.

Se te dificulta tolerar cierta música de ahora.

No te interesan nuevos estilos en recortes.

Quieres poner algún negocio.

Notas a tus amigas "demasiado maquilladas".

Prefieres no salir y ver televisión, o películas.

Tu primito ya es abogado.

No te preocupas por mantener la línea.

Entiendes eso de "que la vida es corta".

Comprendes los problemas de los demás.

127

Confias más en la intuición.

Te importa la familia más que los amigos.

No discutes por pequeñeces.

El mal humor te parece una pérdida de tiempo.

Le dices a los niños cosas que te decían a ti.

Notas como el tiempo vuela.

Compras ropa cómoda, sin pensar en la moda.

Duelen tus músculos si haces mucha fuerza.

Caminar es tu ejercicio favorito.

Te atraen los anuncios de tónicos y vitaminas.

Los chicos programan el video casette y tú no.

La gente mayor ¡no te parece tan vieja!

Los menores que tú son "muchachos".

No te importa tanto lo que piensan los demás.

Disfrutas de las reuniones familiares.

Te está gustando la música clásica.

Actuas con sabiduría y con "malicia" .

Sabes que no eres perfecto...¡y no te importa!

Te das cuenta de lo bien que haces tu trabajo.

Te vienen a consultar ¡y te piden consejos!

Piensas que las canas dan "distinción".

Te atreves a superarte.

Le perdiste el miedo al ridículo.

Saboreas la vida pausadamente.

¡Sabes amar mucho mejor!

Estas poniéndote sentimental.

Echas de menos el conversar con los abuelos.

Te da por coleccionar algo.

Guardas cosas y no sabes qué hacer con ellas.

No necesitas dormir tantas horas.

Compañeros de tu clase se ven "mayorcitos."
El periódico es indispensable en tu mañana.
Ya no comes "cualquier cosa"
Sigues una dieta, pero no para verte mejor.
Si vas a bailar, esperas por los boleros.
Los bebés ajenos te encantan.
Sabes que es importante reírse, y lo haces.
No eres tan botarata.
Sabes guardar secretos.
Te atreves...
¡Te vuelves a atrever!
Sigues superándote cada día más.
Cada día sientes más emociones.
Alcanzas la excelencia en tu quehacer.
Vives más conscientemente.
Disfrutas más.
Sonríes.
Maduras con buen humor...
                              y con elegancia.

Respetemos y veneremos a nuestros mayores.
Hagámoslo delante de nuestros hijos,
para que hoy, y en el día de mañana,
imiten ese ejemplo.
Lo que sembramos cosechamos...
¡y el ejemplo es el mejor maestro!

El TALENTO DE LOS RETIRADOS

La idea me llega en una meditación: se puede crear un banco de talento, con personas retiradas.

La lanzo al universo, a ver si a alguien le gusta y se inspira a realizarla: "Unete al banco de talento de personas retiradas, ¡porque podemos ayudar!"

√ Se inscriben para brindar servicios necesarios según su área de experiencia y disponibilidad.

√ Por sus horas de servicios reciben créditos para participar en viajes a otros países, donde colaborarían con instituciones hermanas.

Además de las recompensas de servir y ser útiles tendrían otras :

√ Un seguro médico grupal, que incluya medicamentos.

√ Ayuda legal.

√ Sucursales a través del país y locales para cuidado diurno interactuando envejecientes y niños.

√ Facilidades recreativas, viviendas, oficinas, transportación, etc.

La organización se puede mantener con donativos de compañías, del público, y de los retirados.

¡Anímate! ¿O te limita la edad?

DESPUES DE CADA NOCHE LARGA Y
OBSCURA, SALE NUEVAMENTE EL SOL.
DESPUES DE CADA TORMENTA
SIEMPRE LLEGA LA CALMA.

RESISTE.

UNA MANO AMIGA

La depresión ocasiona mucha incomprensión y poca tolerancia de parte de familiares y amigos que no entienden por qué ese desgano, apatía, falta de empuje, pesadumbre. Lo pueden llamar "flojera", o debilidad, ¡como si la persona quisiera estar así! Piensan que con decirle "no te sientas mal" o "déjate de esas cosas", la persona afectada puede cambiar lo que le está pasándole. El enfermo no entiende lo que está sucediendo, y la falta de apoyo le afecta aún más. *"¡Es que nadie me comprende!"*, suelen exclamar.

La depresión es un problema de salud mental a nivel mundial, y por todos los medios se intenta ofrecer orientación sobre esta condición. En los E. U. afecta cerca de 17 millones de personas al año.

Proporcionalmente, las mujeres sufren de depresión el doble que los hombres, y un 4% de los adolescentes, puede llegar a profunda depresión.

Todo ser humano está expuesto a deprimirse seriamente, aunque sea una vez en la vida.

La depresión puede manifestarse de forma diferente, según la persona. En algunos repite con frecuencia, en otros da una sola vez. Puede presentarse sin ninguna razón aparente, o puede ser causada por un evento traumatizante, o por estrés.

¡Hay quienes no pueden pararse de la cama en las mañanas!

Están aquellos que siguen funcionando, pero es obvio que ni piensan ni actúan con normalidad. En casos extremos se alternan, entre tiempo, estados de euforia con lapsos de honda tristeza. Esta condición bi-polar se trata con éxito psiquiátricamente.

Las causas de la depresión pueden ser emocionales, por una reacción a situaciones y pensamientos, o fisiológicas, debidas a un desbalance en la química del cuerpo. Hay quienes aseguran que la condición también puede correr en las familias, hereditariamente.

El grave peligro que puede esconderse tras las sombras depresivas es nada menos que ¡el suicidio! No en todos los casos...pero sí en algunos.

Por eso, si la persona dice cosas como *"prefiero estar muerto"*, *"yo quisiera morirme"*, *"ustedes estarían mejor sin mí"*, o le comenta a alguien que ha pensado quitarse la vida, deben tomarse muy en serio sus palabras, alertando a relacionados responsables para que inmediatamente consigan la ayuda de un profesional de la salud mental.

Existen varios tratamientos psiquiátricos y psicológicos que han sido comprobados como efectivos, aunque no hay un patrón que asegure el que funcionen igual con diferentes pacientes.

Una combinación de medicamentos con psicoterapia cognoscitiva-conductual, usualmente produce buenos resultados en los tratamientos. El primer paso importante es reconocer la condición y buscar ayuda. Según el grado de severidad, hablar sobre lo que se siente produce alivio.

Es necesario que el que escucha se muestre comprensivo y brinde apoyo, sin criticar, ni decir lo que es bueno o malo, ni indicarle lo que tiene que hacer, aunque si el asunto no mejora, puede sugerir el buscar ayuda profesional.

Alertamos a otros seres cercanos sobre lo que hemos observado, para reclutar su ayuda. Esto no es traicionar una confidencia, ¡es salvar una vida!

A continuación, algunos síntomas que pueden avisarnos de una depresión:

√ una sensación de vacío y profunda tristeza
√ pesimismo, desesperanza
√ fuerte sentimiento de culpa
√ sentirse sin valor como persona
√ dificultad para tomar decisiones
√ dificultad para concentrarse
√ olvidar cosas importantes
√ falta de interés en actividades y diversiones
√ nuevas fricciones con personas
√ un vivir desgastado, sin energías
√ funcionar a ritmo lento, "a cámara lenta"
√ dificultades al dormir
√ cambio en el apetito
√ dolores de cabeza
√ dolamas por el cuerpo

√ nerviosismo
√ irritabilidad y aislamiento
√ abuso de drogas y/o alcohol
√ hablar de la muerte y/o del suicidio.

La depresión está íntimamente relacionada con la autoestima baja, y puede ser su causa o su consecuencia. La persona pierde todo deseo de iniciar acción. Ni siquiera se anima a buscar ayuda.

Es cómo si dijera:

"Que más dá, total, ya nada vale la pena, puesto que yo no sirvo."

Estos y otros pensamientos negativos y derrotistas inmovilizan y provocan desesperanza en el enfermo. La condición puede agravarse.

La depresión es un problema muy serio, y debe atenderse pronto.

Por eso, una mano amiga puede ser la clave para que la persona afectada salga a flote.

Saber que uno le importa a alguien, ¡eso es lo más importante!

PARA VIVIR BIEN

Aunque no he podido confirmar su autoría, las ideas siguientes se le atribuyen a Emmet Fox, uno de los pioneros del movimiento de "pensamiento positivo" en los años treinta. Creo que son tan válidas hoy, como entonces, por lo que quiero compartirlas:

Repasando lo que hiciste en el día de hoy, planifica lo que harás mañana. Para que no dependas ni de la suerte ni de tu memoria, haz una lista.

Habla siempre usando voz calmada. La gente que habla fuerte no cae muy bien, y el que está seguro de sí mismo y dice la verdad no tiene que gritar.

Adiéstrate para escribir con buena letra y con claridad. Que se entienda lo que escribes.

Mantén el buen humor. Aunque pierdas todo lo demás. Reírse de uno mismo inspira respeto.

Defiende a los que no estén presente. Que no se hable mal de quien no se puede defender.

Antes de juzgar, escucha otras versiones de los hechos. No forjes tu opinión sólo por un relato.

No llores por lo que ya no tiene remedio. Perderás tiempo y energía. Lo que ya pasó, pasó..."¡A otra cosa, mariposa!"

Aprende a hacer alguna cosa tan bien como cualquier otra persona pueda hacerla. Hay quienes saben de muchas cosas, pero no dominan ninguna.

En el seno familiar, sé educado y cortés. Lo que practicas en la casa después te saldrá natural.

Si debes actuar con rudeza, mejor que sea con extraños. Mientras no sea indispensable, evita usar trato fuerte, pues lo que más conviene es la delicadeza.

Mantén tus posesiones bien cuidadas y ordenadas, pero no guardes aquello que no tenga uso práctico. Amontonar pertenencias brinda seguridad, pero muchas veces lo que guardamos es basura.

Cada día, ocúpate de darle ayuda a alguien. Servir es lo que más satisfacción brinda en la vida.

A mí me gustan estas reglas, en especial las que se refieren a los hábitos de control y el manejo de nuestra imagen, pues ayudan a mantener buena autoestima y una proyección personal aceptable.

A veces somos descuidados con la manera como escribimos, como hablamos o como tratamos a los demás...y no nos percatamos si causamos malas impresiones. Lamentablemente la gente que lo nota, aunque lo piense, no lo expresa, por evitar disgustos.

Algunas de estas sencillas reglas nos dirigen a un justo y noble comportamiento y otras señalan el valor de mantener una actitud positiva ante las vicisitudes de este tobogán al que llamamos "vida".

Creo que son valiosísimas para mantener en curso nuestra superación personal.

¿A ti, cuál de estas reglas te cae mejor?

EVITA LAS CONDUCTAS PELIGROSAS

El SIDA entre la población heterosexual es otra señal de lo devastadora que es esta plaga.

Preocupa la cándida actitud de tanta gente, en especial de los jóvenes, que piensan "a mí no va a pasar" y continúan su conducta sexual desorganizada.

La revolución sexual se acabó. Esa revolución se perdió. Nadie ganó y lo único que trajo fue una estampida de bacterias, virus, enfermedades sexualmente transmitidas y con el SIDA... la muerte.

Hoy día el tener una actividad sexual promiscua, falta de protección y el estar compartiendo sexualmente con personas de alto riesgo por su estilo de vida o uso de drogas, es igual a caminar vendado por un campo de minas, durante la guerra.

Hasta el momento no hay cura para el SIDA, lo único que lo puede detener es la prevención ¡pero la gente no hace caso!

Evita las conductas peligrosas.

Los científicos del comportamiento han encontrado que las conductas peligrosas se resisten al cambio, aún ante un diluvio de información.

Indican sus estudios que para lograr el cambio

hacen falta:

a) motivación

b) el aprender nuevas destrezas

c) tener las herramientas para cambiar

d) buscar un ambiente que patrocine el cambio, sin que le combata ni presente tentaciones.

¡¡Todo cambio de conducta necesita de estos ingredientes para poder lograrse!!

Es como en lo de decirle "que no" a las drogas: hace falta aprender y practicar maneras de negarse, querer la superación, y contar con facilidades para involucrarse en actividades alternas, además de contar con grupos de apoyo, y lo más importante: cortar con las viejas juntillas.

Podemos analizar lo difícil que ha resultado lograr cambios de conducta en los fumadores de cigarrillos. Durante los pasados veintitantos años este hábito se ha resistido a toda clase de intentos por cambiarlo, incluyendo advertencias oficiales del cirujano general de los Estados Unidos (impresas en las cajas e incluídas en los anuncios). Aún así el fumar tabaco sigue siendo la causa principal de muerte y lesión en cientos de miles de personas cada año.

Algo similar esta sucediendo con el SIDA. ¡Las conductas peligrosas y de alto riesgo siempre se resisten al cambio! Es una verdadera paradoja.

Si te quieres superar y persigues la excelencia, comienza evitando las conductas peligrosas.

¡CUIDADO CON ADICTARTE!

Todos debemos saber y tener claro, especialmente los niños y los jóvenes, que las drogas y el alcohol alteran el comportamiento. Bajo su influencia hacemos lo que jamás imaginaríamos, como el ridículo público, actividad sexuales sin medir consecuencias, etc. Algunos llegan a arriesgar la vida en eventos peligrosos, como correr en automóvil a alta velocidad.

Quizás el menos esperado efecto de éstas sustancias es *la dependencia* que nos pueden crear, pues fácilmente se puede llegar a necesitar la droga para poder funcionar, "normalmente".

¡Eso se llama adicción!

Las drogas son agentes químicos que causan efectos destructivos en el organismo. Existe la falsa creencia de que el alcohol, por ser legal y estar disponible y porque se anuncia mucho o porque lo utilizan socialmente los adultos, es menos dañino o quizás es inofensivo. Esto es totalmente falso. El alcohol es una droga que causa hábito y daños al cuerpo, en especial a jóvenes y niños. Por eso es ilegal el que se les venda y el que lo usen. ¡No es un refresco!

El alcohol afecta directamente al cerebro y otros órganos, cambia la forma de la gente actuar y altera el funcionamiento de la mente y el cuerpo. Nuestro cuerpo es el instrumento de vida más precioso que tenemos. Por eso es sumamente importante que los niños y los jovenes aprendan a darle valor, que se esfuercen por protegerse y por mantenerse saludables. Esa quizás pueda ser la mayor razón para decirle ¡que no! a las drogas y al alcohol: *"Me quiero mucho y no voy a hacerme daño"*.

El cigarrillo, con su nicotina, puede añadirse a la lista de drogas que hacen daño y causan adicción, aunque sea legal y se anuncie profusamente.

Estas son cosas que nuestra juventud debe tener bien claras. Los adultos podemos ayudarlos a que se enteren. Vamos a contestar sus preguntas, a cuidar nuestros ejemplos y a hablarles de nuestra posición en torno al cigarrillo, las drogas y el alcohol.

Sé que hacerlo no es fácil para el padre o la madre que bebe o que fuma, pues si hace tanto daño, ¿por qué no lo dejan ustedes? Por lo menos, pueden explicarle a sus hijos los problemas que tienen por fumar o beber y lo difícil que se les hace dejar esos hábitos, que practicamente son esclavos y que sienten el daño que le hacen a sus cuerpos. Hablar de estas cosas quizás ayude a que el adulto también se corrija. Digo, es mejor estar saludable, ¿ o no?

Así, el joven estará mejor preparado, con argumentos sólidos y sin complejos, para cuando le toque decirle "no" a los ofrecimientos que le van a hacer.

RESPETA LAS SUBSTANCIAS

El que toma licor irresponsablemente, o usa drogas socialmente, corre el riesgo de crear dependencia física y psicológica. Empieza por diversión, por escapar de los problemas, y no piensa adictarse, pues desconoce los riesgos. Si tiene familiares alcohólicos, o adictos, corre más riesgo,¡genéticamente es susceptible! Posee *predisposición*.

El Dr. Salvador Santiago Negrón, quien preside El Centro Caribeño, ha dado voz de alerta sobre los anuncios de radio, televisión y cine que promueven la nicotina y el alcohol, y presentan escenas con personas que fuman y/o beben al compartir con amistades, en actividades deportivas o al aire libre, pues los mensajes subyacentes en estos anuncios, y en auspicios de eventos artísticos o deportivos, utilizan principios psicológicos para estimular el consumo, especialmente dirigidos a los jóvenes. ¡Atiende a esa advertencia!

Ciertas historias de cine y televisión *glorifican* al alcohol, cigarrillos, mariguana, la cocaína, etc., y veladamente promueven su consumo entre niños y jóvenes impresionables, en pleno desarrollo del intelecto y la personalidad, que buscan aceptación imi-

143

tando lo que ven, sin entender las intenciones detrás del anuncio, o la historia, y sin tener elementos de juicio para una sabia decisión en torno a un vicio que les puede afectar la salud, y ¡adictarlos de por vida!

Una poderosa fuerza nos mueve a querer imitar a los que consideramos exitosos. Se ve en las modas y en los costosos zapatos deportivos que los muchachos lucen. Así mismo, por imitación, se les despierta el deseo de probar el alcohol y las drogas.

Tanto en jóvenes, como en adultos, una vez se acepta la premisa de que se disfruta más estando intoxicado, las imágenes en cine y TV pueden llevarlos a buscar ese estado por medio de cualquier droga. No es tan diferente el estado alterado y la "nota" que da el alcohol, que la producida por otras substancias. Todas son drogas que crean la ficción de artificial felicidad alejándote de la realidad.

¿Que me dices de la "inofensiva" nicotina?

¡Dejar de fumar es bastante difícil!

Los que se anestesian con licor o drogas para *aliviar* sus problemas, penas y dolores, tienen la triste consecuencia de no aprender a lidiar con las situaciones de la vida. Los jóvenes que buscan escape a través de las drogas y el alcohol, ¡no maduran! Usando drogas ilícitas como la cocaína y la heroína, pueden perder la cordura. Con la mariguana, por ejemplo, se afectan los sentidos en cuanto a medir proporción y distancia; se nublan la memoria y la responsabilidad.

Por todo eso te digo que respetes las substancias. No son diversión, ¡es jugar a la ruleta rusa!

LAS DROGAS Y TU CEREBRO

En Puerto Rico hay una campaña dirigida al joven, con el lema "no dejes que te coman el cerebro". La frase en una triste realidad para los que usan drogas, en especial mariguana, cocaína y heroína.

ELas drogas causan efectos degenerativos en las células del sistema nervioso, las neuronas. Las corroen, en especial las células del cerebro. Ese tejido no es regenerativo, no se recrea (como la piel, cuando nos crece mas piel y se hace la cicatriz). Las células del cerebro que dejan de funcionar, mueren.

La clásica pérdida de memoria de los fumadores del "mafú", "pasto", o "yerba"(mariguana), va acompañada por pérdida de la concentración, de la atención, de entender y retener lo que se lee, etc. Por eso la lentitud y torpeza característica de los mariguaneros.

Muchos se quedan en esa bobera y los compañeros les llaman así, los "quedaos". Es porque ello no tiene remedio, si te quedaste, te quedaste.

La droga en verdad se come el cerebro y no lo deja funcionar como antes.

Existe una esperanza: se pueden transferir las

funciones cerebrales de la parte atrofiada de la masa encefálica a otra sección, de manera que células diferentes, pudieran asumir el trabajo de las dañadas.pero no es fácil de lograr, pues requiere:

√ *primero*, que se corte en seco y totalmente el uso de la droga, para detener el deterioro;

√ *segundo*, que haya un espacio de tiempo para que se logre el re-aprendizaje.

Hay que volver a aprender lo que se perdió, paso a paso - y toma tiempo, dedicación, esfuerzo.

COMO SE DAÑAN LAS CELULAS

El ingrediente activo en la mariguana, el Delta 9 Tetrahydrocannabinol, mejor conocido como "THC", provoca la sensación de placer que altera la percepción, o sea, lo que causa "la nota" o "el arrebato".

Pues el "THC" se tarda en salir del cuerpo de diez a quince días. Si lo comparamos con el alcohol, que se elimina de un día para otro, el "THC" puede durar dentro del sistema hasta dos semanas.

El "THC" es como un sedimento, o una arenilla que se deposita dentro de la célula.

Para entenderlo mejor, imagínate un globo de los usados en cumpleaños, pero lleno de agua (eso es como una célula). Ahora imagínate que se le va echando una arenita al globo al fumar cada cigarrillo de marihuana. Con el efecto de cada "tabaco", "gallo" o "moto", llenamos poco a poco esa célula de "THC".

Si el primer sedimento se tarda quince días

en salir, y el segundo otros quince más, se puede ir inundando tanto la célula con esa arenilla, que por fuerza ¡tiene que dejar de funcionar!

Se nos muere esa neurona. Queda fundida...y no tiene reemplazo.

Los fumadores de mariguana saben que aún sin haber fumado unos pocos días (o muchos días) les pueden dar a veces unos devaneos similares al efecto de haber fumado. Es gracioso, pero usualmente esto les sucede en los momentos más inoportunos, y puede causarles dificultades. Es otro efecto del "THC" que aún queda dentro del cuerpo.

El problema con la cocaína es otro, pues dicha droga afecta directamente los neurotransmisores, alterando la química del sistema nervioso. Esto puede provocar estados de psicosis permanente, y hasta la muerte. De eso hablaremos más adelante.

Muchos usuarios desarrollan tolerancia a la cocaína, y caen en el uso de heroína, aspirada de forma similar, o inyectada. Con ésta obtienen una *elevación* que entonces los deja complacidos.

Las drogas no son amigas de nadie, así que cuídate de ellas. Son un escollo gigantesco para quien busca la superación. ¡CUIDATE!

"No dejes que te coman el cerebro".

Si se pudieran documentar los estragos físicos,
emocionales,
económicos
y familiares
que las drogas han causado y continúan causando
en nuestra sociedad,
entre personas comunes,
gente como tú y como yo,
los resultados asombrarían tanto a la humanidad,
que entonces se tomarían las medidas
verdaderamente efectivas
para combatrir esta destructiva plaga.
Esto es tan serio y tan grave,
que nuestro futuro como sociedad está en juego.
Quien patrocina las substancias ilícitas
¡es cómplice de los crímenes!
¿No lo sabías?
Mira a tu alrededor.

Por amor de Dios, ¡CUIDATE!

LA COCAINA DESTRUYE TODO

La cocaína es una droga de acción rápida con efectos de duración limitada, dependiendo cómo se use. Si es aspirada en polvo, sus efectos duran de 20 a 30 minutos y sólo unos minutos inyectada o fumada en forma de "crack", cuando causa un estado de gran euforia que dura muy poco tiempo.

La "coca" o "perico" estimula directamente los centros de placer en el cerebro, pero según tan alta sea la euforia, tan baja será la disforia o sensación de malestar, por lo que el que la usa necesitará subir "la nota" usándola nuevamente.

Cada vez durará menos el efecto y nunca se reproducirá de la forma tan especial como en las primeras veces,¡y quien la usa no pierde las esperanzas!

Al empezar a usarla, hay una"luna de miel", cuando todo es tremendo, extraordinario. Se experimentan poder e inteligencia, se pierden las inhibiciones y la persona se cree que es un triunfador, pero sólo es un estado artificial que depende del estímulo químico al sistema nervioso. Continúa siendo el perdedor de siempre, pero ahora está "empericao".

De ahí en lo adelante, cuando baje, no llegará

otra vez a la normalidad, sino que se sumirá en estados depresivos, bastante profundos.

Se pierde la capacidad de experimentar placer de forma natural, como comúnmente lo puede sentir cualquiera. Al "coquero" nada le da placer, excepto la cocaína. En ese estado de "anhedonia" ni siente, ni puede disfrutar la vida, porque la sobrecarga química al sistema nervioso le consume los neurotransmisores conocidos como "dopamina", responsables de las sensaciones de bienestar.

La alteración al sistema hace que el corazón trabaje más de la cuenta y puede causar muerte por un paro cardíaco, como le sucedió a dos deportistas famosos en Estados Unidos, Len Bias y Don Rogers, baloncelista y futbolista, respectivamente. La autopsia de Rogers confirmó otro peligro, y es que la coca afecta en el cerebro los centros controladores de la respiración, causando asfixia en algunas personas.

Aunque el cuerpo elimina la cocaína en poco tiempo, puede darse el caso de destrucción de las encimas en la sangre responsables de eliminarla y entonces sigue circulando, causando desgaste físico.

El estado de euforia por el uso repetido puede mantener a la persona despierta y activa durante días, sin comer ni dormir, en un desenfreno que le consume las defensas del cuerpo y que provoca debilidad por la falta de descanso y la desnutrición. La hipertensión arterial puede hacer que estalle alguna vía de circulación causando una hemorragia cerebral.

Además, la droga causa el efecto psicológico

de "paranoia" donde se duda de todo el mundo, lo que puede llevar a la violencia y el asesinato, cuando el adicto cree que alguien lo está perjudicando o lo va a perjudicar. El adicto criminal asesina si desconfía. A fin de cuentas, que la cocaína mata de muchas maneras, tanto al consumidor habitual, como al que la prueba por primera vez. La profunda depresión que sobreviene después de la euforia, también puede provocar el suicidio. Además, el sistema inmunológico se desarma casi por completo. La combinación de "coca" y heroina, se llama "speedball" y es sumamente mortal. Su efecto se conoce como "Síndrome de John Belushi",por el famoso actor/comediante que murió inyectándosela.

MITOS EN TORNO A LA COCAINA

A pesar de todas estas señales de peligro, hay varios mitos que propagan su uso entre los ignorantes.

El primero es la idea equivocada de que las personas trabajan o funcionan mejor cuando usan cocaína. Eso hace que ejecutivos y profesionales la usen, pues al principio los pone más alerta y dinámicos, pero después les provoca pensamientos desorganizados, ansiedad y descontrol. Viven en pánico.

Igualmente sucede al ser usada para funcionar mejor sexualmente. Al principio sí, pero luego lleva a la impotencia en el hombre y la frigidez en la mujer, pues la droga es mucho mejor amante que cualquiera.

Otro mito es que no es adictiva. El organismo la reclama cada vez más frecuentemente por el placer que da. Muchas personas alegan que no son adictos porque sólo la usan durante el fin de semana, como algunos bebedores de fin de semana. En dos días consumen tanto o más que si la usaran diariamente.

El *glamour,* o la sofisticación de la "coca" es otra idea falsa. Se basa en que la usa gente "avanti" del "jet set". Tener dinero para pagarla (ya que es cara), es una desventaja, pues el que puede, la usa mucho. Es sofisticada y "cachendosa", solamente al inicio, cuando en una que otra fiesta, te la ofrecen gratis.

Al comienzo la droga te envuelve dándote excitación, placer, ánimo, pérdida de inhibiciones, etc. Hablas mucho, como "perico", o cotorra. Te crees lo máximo, pero después pagas prenda - sin la droga no eres nada. Gozas ahora y sufres después. Como todo lo que sube, bajas...si más alto subes, más bajo caes.

Otro mito: "Paro de usarla cuando yo quiera", como alegan algunos bebedores y fumadores. Aún con ayuda profesional, es ardua tarea el dejarla.

Por último están los que dicen: "es mi cuerpo y yo sólo me hago daño a mí mismo", pero afectan su familia, a quienes le roban todo para pagarse el vicio. Sus seres queridos sufren, se preocupan, y les duele.

El adicto a la cocaína destruye todo en su vida.

¡Qué lejos está de la excelencia!

Está muchísimo más cerca de la muerte y de la destrucción, que de la superación.

Mente sana en cuerpo sano. Cuidado con lo que entra a tu cuerpo...y a tu mente. No es tan difícil superarse...¡pero primero hay que cuidarse!

CAMINAR SOBRE FUEGO

La metáfora de caminar sobre el fuego está muy ligada a los libros "¡Atrévete!" y "¡Supérate!", porque es un reto a nuestra valentía, al aguante, a la voluntad de seguir adelante no importa qué. El fuego alerta que la vida es dura, pero hay que atravesarla, ¡como caminándo sobre brasas! Nos podemos quemar, pero eso no impide que lleguemos al otro lado, que alcancemos nuestras metas. Lo simbólico se convierte en realidad en los seminarios de "Firewalking". Lo que parece imposible a los sentidos es, sin embargo, realizable si uno se centraliza alineando su intención, intuición, respeto, humildad, reverencia y mente positiva.

En estos cursos, se quema una hoguera de leños, literalmente, y se esparcen las brasas, compactándolas en un camino, y de acuerdo a lo que han ido trabajando, algunas personas deciden caminar por sobre las brasas. Per es sólo si toman la decisión, pues no hay obligación, ni se permiten presiones.

Esta proeza anteriormente la realizaban los yogis hindúes, o los sacerdotes y guerreros de culturas primitivas, como rito de iniciación o de purificación.

Hoy lo hacemos nosotros...¿Quién se atreve? Aunque estoy certificado como entrenador para dirigir las caminatas sobre fuego, me reservo la gestión para ocasiones especiales, puesto que no es juego, ni es cosa de todos los días.

El fuego es peligroso ¡aunque alqunas veces uno no se quema!, *milagrosamente muchos caminan y no sienten el calor, ni sufren quemaduras.*

¿Por qué caminar sobre fuego? ¿Por qué hacer "scuba diving"..."bungee jumping"...explorar cavernas...correr patines...saltar en paracaídas...montar a caballo...escalar montañas... hacer "surfing"...leer libros...tomar seminarios?

Pues, porque sí, porque es lo que uno quiere hacer. Atreverse...probar...ponerse a prueba.

¡Qué sé yo! ¿Y por qué no?

"Es que el fuego quema y es peligroso", dicen unos, añadiendo: "existen otras maneras de descubrir los misterios de la vida y la maravilla que el ser humano aspira llegar a ser".

Contestamos que sí, que es cierto, que el fuego quema y es peligroso, según aprendieron nuestros antepasados en las cavernas, y sí, hay infinidad de maneras de descubrir los milagros de la creación y el potencial escondido en el ser humano. Caminar sobre fuego es solamente una de ellas.

"Firewalking" ¡provoca escalofríos!

Esta práctica milenaria utilizada como ceremonia de despertar espiritual está presente en muchas culturas a través de la historia de la humanidad, pero en esta época, el caminar sobre fuego surge como enseñanza actualizada, seminario y terapia para vencer los miedos hace unos veinte años, en California. La introduce Tolly Burkan, artista y maestro de disciplinas mentales. El aprendió y la adaptó de una antigua ceremonia oriental. Entre sus discípulos iniciales estuvo Anthony Robbins, un motivador profesional y hombre de negocios. Ambos logran con ella un éxito sin precedentes. Robbins en la actualidad es millonario y figura entre los motivadores de mayor demanda en el mundo.

"¿Pero de verdad uno camina descalzo sobre la candela?", me preguntó una periodista.

"Así es, descalzo sobre la candela", contesté.

"¿Pero uno se quema?", continuó.

"El fuego quema, aunque unas personas se queman y otras no. ¡Misterios de la vida!", enfaticé.

"¿Hay que estar en un trance, hipnotizado o en estado de meditación para caminarlo?", inquirió.

"No, y aquél que trate de hacerlo así, de inmediato va a salir del trance gritando ¡ouch!"

EL PROCEDIMIENTO

El seminario de varias horas con un instructor certificado por el "Firewalking Institute of Research and Education" (F.I.R.E.), explora las posibilidades inimaginadas que están disponibles para las personas comunes. Se analiza nuestra relación con el miedo - con todos los miedos - utilizando la hoguera como metáfora de la vida.

Cuando se caminan tres, cuatro, cinco...o seis pasos sobre esos rojizos tizones...desde ese momento percibimos la vida diferente. ¡Uno se siente diferente!

"Cuando me enfrenté al fuego sentí en su calor la presencia de alguien que me ha hecho sufrir mucho... ¡y le caminé por encima!", declaró una joven universitaria.

"Una vez más me encontré evitando arriesgarme para no perder, pero algo me dijo,' ahora o nunca', percatándome de que si no lo hacía, seguiría prisionero de mi exagerada precaución. Al llegar al otro lado, yo me sentí poderoso", comentó un ejecutivo.

En cuanto a quemarse o no, al caminar, en la vida todo tiene su precio, todo tiene su riesgo. En cuanto al miedo, aunque nos atemorizan tantas cosas, aún sintiendo miedo, ¡nos atrevemos a hacerlas!

Esa es la clave para la superación personal.

El miedo puede ser nuestro aliado...y puede ser también nuestro maestro, igual que el fuego.

No hay que caminar sobre las brasas para obtener beneficio de la experiencia. Se puede integrar vicariamente. El instructor siempre aclara que cada cual decide caminar según se lo dicta su sabiduría interior: ¿será este el momento de caminar, o no?

En esos casos, no caminar resulta más importante que caminar, pues descubres que tienes un guía interior que sabiamente te dirige.

Esa es la intuición.

Aprendemos a seguirla cuando caminamos sobre el fuego.

LA MUJER DE HOY

La mujer de hoy trabaja doble. Trabaja fuera, pero eso no la libera de las tareas en la casa. En su empleo tiene responsabilidades . Como ama de casa, madre y esposa (si está casada), tiene múltiples tareas. ¡El tiempo y las energías no le rinden!

Por tradición, la sociedad espera que la mujer sea dedicada y sacrificada, dando el máximo y atendiendo las necesidades de los demás, pero eso la puede dejar preguntándose:"¿Y yo, no cuento?"

Ella puede llegar a sentir mucha insatisfacción consigo misma, con su trabajo y en la casa, con la familia. Le puede llegar a perder el gusto a las cosas, cuando todo se le convierte en una lucha.

Sentirse devaluada, desatendida, falta de aprecio y reconocimiento puede llevarla a una rebelión contra la casa, el trabajo y...(¡sorpresa!) contra ella misma. La mujer de hoy no tiene una vida fácil.

En la casa se puede tornar apática, "abandonada". En el trabajo, lenta y distante o irritable y nerviosa. Con ella misma, se desquitaría haciendo cosas poco saludables, como fumar demasiado, beber, depender de pastillas, o de algo peor, comer en exceso y envolverse en relaciones peligrosas, predestinadas al fracaso, o lo que es peor, a un desenlace trágico.

En ocasiones la mujer se responsabiliza por mucho más de lo que puede manejar, y no se atreve, o no sabe decir:"¡NO!" sin sentirse culpable.

Por eso, en la agenda de la mujer que trabaja, deben estar señaladas sus prioridades, segun sus valores, pues lo verdaderamente importante, tanto en la casa como en el trabajo, se atiende, no se pospone.

Hay que definir por escrito unas metas con los pasos a seguir y poniendo fechas límites...¡para reconocer el haberlas alcanzado y recompensarse!

La mujer también puede hacer un análisis de lo que tiene y de lo que le hace falta. Lo primero, para reconocerlo y atesorarlo, lo otro, para conseguirlo.

Es importante que busque una buena distribución del tiempo y las energías para que le rindan y pueda cumplir con todo, en especial con ella misma, ¡y que se consienta!, pero sin sentirse culpable.

Esto no quiere decir que sea irresponsable, sino justa y balanceada, sin olvidarse de sí misma.

Ser buena madre, esposa y ama de casa, no quiere decir que no atienda necesidades personales.

Todo ser humano sirve mejor y da más cuando se siente bien y está satisfecho de sí, tanto en el trabajo como en la casa.

La mujer de hoy no es excepción.

Esto es sentido común, tanto para la mujer, como para el hombre de hoy.

MEJORA TU CALIDAD DE VIDA

"Life's Little Instruction Book", por H. Jackson Browne, Jr., contiene 511 consejos para "ayudarnos a vivir mejor". Son tan reconfortantes como los "consejos de la abuela" que todos conocemos.

Me animo a parafrasear una muestra de estos, intercalando mis pensamientos con lecciones que aprendí de mi abuela, Doña Clemencia Arana, excelente e inolvidable maestra, por vocación y devoción, de toda la vida. Ella vivió 102 años.

"Para mejorar nuestra calidad de vida" debemos tratar las siguientes sugerencias:

√ Tomar las cosas con más calma.

√ Ser honestos.

√ Llegar temprano.

√ Sonreír mucho.

√ Saludar primero.

√ Mirar a los ojos.

√ Tocar antes de entrar.

√ Esforzarnos por recordar los nombres.

√ Aprender a escuchar.

√ Pagar a tiempo.

√ Dar buenas propinas.

159

√ Tener los zapatos limpios.

√ Devolver lo que nos prestan.

√ Donar sangre.

√ Creer en milagros.

√ Respetar a los mayores.

√ Controlar los corajes.

√ Buscarle el lado bueno a las cosas.

√ Aceptar nuestros errores.

√ Darle paso al otro conductor.

√ Abrazar a los niños después de regañarlos.

√ Abrocharnos el cinturón.

√ Aprender a jugar.

√ Ser pulcros.

√ Ser amables.

√ Hacer preguntas.

√ Saber perder.

√ Saber ganar.

√ Seguir aprendiendo.

√ Tener buenos modales.

√ Escoger nuestras amistades.

√ Cumplir lo prometido.

√ Dar reconocimiento abiertamente.

√ Criticar privadamente.

√ Tener paciencia.

√ Tomar ocho vasos de agua al día.

√ Ser considerados.

√ Ser oportunos y no interrumpir.

√ Cuidar lo que queremos.

√ Ponerle el cinturón de seguridad a los niños.

√ Ser modestos.

√ Mirar a las estrellas.

√ Leer las instrucciones.

√ Seguir las instrucciones.

√ Dejarlo mejor de lo que lo encontramos.

√ Limpiar los "regueretes".

√ Hacer la cama.

√ Aprender a decir "no" con gracia.

√ Aceptar los problemas como "pruebas".

√ Aprovechar el tiempo.

√ Dormir la siesta cuando se pueda.

√ Felicitar a quien cocinó.

√ Devolver los favores.

√ Hacer donativos anónimos.

√ Aprender a disentir sin discutir.

√ Practicar la diplomacia.

√ Escuchar ambos lados de una historia.

√ Ponernos al día con una vieja amistad.

√ Decir "por favor".

√ Reír de buena gana.

√ Dar las gracias.

√ Evitar estirar demasiado las cosas buenas.

...Por eso terminamos aquí.

La superación
no es
el destino...
¡SE ENCUENTRA
EN
EL CAMINO!

Da primero lo que quieras recibir de los demás.
Punto.

REFERENCIAS
Y
LECTURAS
RECOMENDADAS

El mundo está lleno de personas
con buenas intenciones...
Lo que necesitamos ahora de esas personas
¡son buenas acciones!

De la *A* a la *Z*
LIBROS Y AUTORES CITADOS
O RECOMENDADOS :

"A Course in Miracles", edita *Foundation For Inner Peace.* Monumental guía de espiritualidad que despierta conciencia en muchas personas.

Allen, Steve, en "Dumbth", editado por Prometheus,Inc. se nos presenta como sociólogo. El polifacético artista es autor de 32 libros.

Bernard, Michael E., Ph.D. escribe"A Rational Emotive Training For Athletes", incluído en el libro "Rational Emotive Therapy", que edita con el Dr. Albert Ellis, para Plenum Press, en 1985. Ahí hay un inventario similar al de "Juega con Excelencia". Los demás capítulos nos enseñan a manejar los pensamientos racionalmente, como siempre predicamos.

Berne, Eric, M.D., en "Games People Play", editado por Ballantine books de New York, ofreció un práctico manual para su *Análisis Transaccional.*

Branden, Nathaniel Ph.D., en "How To Raise Your Self-Esteem", para Bantam Books, explora la autoestima. El tiene varios libros sobre el tema.

Brown, Jackson H. Jr., el de "Life's Little Instruction Book", junto a Rutledge Hill Press, de Nashville editó también un Vol. II.

Danforth, Lorring, M., en "Firewalking and Religious Healing" de Princeton University Press, hace una exhaustiva investigación de este fenómeno.

Dyer, Wayne,W.,Ph.D., y su libro "Your Erroneous Zones" son pioneros del movimiento de auto-ayuda desde 1976, que lo publicó Avon Books.

Epicteto, está en la serie Harvard Classics, Vol. II, editada por Collier & Son en 1909.

Farley, Frank, Ph.D., y su "Type 'T' Personality, en *Journal of Personality Assessment, Spring, 1990*, Vol. 54. y en el *APA MONITOR*, de Marzo, 1993.

Fisher, Roger & Ury, William. Editor, Bruce Patton, con "Getting to Yes", de Hougthon, Miffin nos enseñan a negociar sin discutir.

Freud, Sigmund, en "A General Introduction to Psychoanalisis", con Doubleday, en N.Y., en 1938.

Goode, Erich, en "Drugs in American Society", de Alfred A, Knopf, Inc. pinta un feo cuadro.

Hanson, Jeanne, hizo "You Know You're Grown Up When..." para Workman Publishing, N.Y.

James, Muriel, y James, John en "A Passion for Love" de NAL Dutton, enseñan sobre relaciones.

Jeffers, Susan, Ph.D., en "Dare to Connect", de Fawcett-Columbine, presenta excelentes consejos para las relaciones de pareja, de amistad y de trabajo.

Jones, Helen y Lovinger, Paul, en "The Marijuana Question", editado por Dodd, Mead & Co. presentan los resultados de experimentos y estudios.

Keating Kathleen, en "The Hug Therapy Book", que edita Compcare, expone de forma humorística, diferentes modos y bondades del abrazo.

Krystal, Henry & Raskin, Herbert, A., en "Drug Dependence", nos educa. Lo edita Jason Aronson.

Kubler-Ross, Elisabeth,M.D., en sus libros "On Death and Dying" y "Working it Through", editados por Macmillan Publishers, presenta las etapas del proceso de muerte, luto y adaptación.

Levey, Joel, su "Relaxation, Concentration and Meditation (Ancient Skills for Modern Minds)", fue editado en Londres, por Wisdom Publications.

Lewinson, Peter M. y otros, con "Control Your Depression" de Prentice Hall en 1986, aclaran mitos sobre la depresión y ofrecen estrategias.

Meyer, Donald, nos trae, con "The Positive Thinkers", la historia del movimiento de *pensamiento positivo*. Inicia con William James, el "padre de la psicología americana" y reseña a Emmett Fox, Dale Carnegie y los demás, hasta llegar a Norman Vincent Peale. Es una reveladora obra académica.

Murphy, Kevin J.,en "Effective Listening" editado por Bantam Books explica cómo *escuchar*.

Nelsen, Jane, en "Understanding (Eliminating Stress and Finding Serenity in Life and Relationships)", editado por Prima Publishing and Communications nos ayuda a entender a los demás y a entendernos mejor nosotros.

O'Toole, James, "Leading Change", editado por Jossey-Bass en 1995, contiene mucho de lo que hay que saber sobre los cambios y cómo manejarlos.

"Plus" es la pequeña gigante de las revistas que publica el ministerio de Norman Vincent Peale. Te subscribes enviando un donativo de $15.00, a: FCL Pawling, N.Y. 12564 ¡y te regalan libros de Peale!

Ringer, Robert J., en "Winning Through Intimidation", "Looking Out For #1" y "Million Dollar Habits", editados por Fawcett Books comparte su caudal de sabiduría, e incluye máximas de la tortuga.

Santiago Negrón, Salvador, Ph.D., en "Los Medios de Difusión y los Anuncios de Cigarrillos y Alcohol:¿Información, Persuación o Coerción?" para la revista *Ciencias de la Conducta*, editada por El Centro Caribeño de Estudios Postgraduados, Vol. VIII,No.1 y 2,1993, desenmascara dicha publicidad.

Singh, Tara escribió "How to Learn From a Course in Miracles" para Harper-Collins; "Gift For all Mankind" y "Future of Mankind" para Ballantine.

Skinner, B.F.,con "About Behaviorism", editado en 1976 por Vintage, propone la modificación de conducta y habla del refuerzo, del castigo, etc.

Vaswani,Dada, J.P., nos deleita con "It's So Wonderful", uno de sus muchos libros publicados por MIRA,10 Sadhu Vaswani Road, Poona - 1, India.

Viscott, David, M.D., en "Risking", editado por Pocket Books, enseña a tomar riesgos calculados.

Vox, Diccionario Español, edición del 1990.

Weiss, Brian L. M.D.,en "Many Lives, Many Masters (Muchas Vidas, Muchos Sabios)", editado por Simon & Schuster narra cómo una paciente de psiquiatría le transforma sus creencias, y su vida.

Ziglar, Zig, de "See You At The Top" editado por Pelican en 1974, ha vendido 2 millones de copias.

Los pensamientos diseminados a través del libro se originan en la sabiduría popular mundial.

APENDICES

De la escuela de la vida no se gradúa nadie.
Siempre hay nuevos cursos que tomar,
exámenes, clases que repetir
y asignaciones que hacer.
De vez en cuando nos toca hacer un proyecto
y cada cierto tiempo nos dan vacaciones,
pero nadie se escapa de las asignaciones,
de las pruebas y en especial,
de los exámenes.

A RAMONITA TRAVERSO DE HERGER
(Mi mamá)

Un pequeño, pero importante dato de mi vida: a los veinte años, comenzando la década de los "60", abandoné los estudios en la Universidad de P. R., sin graduarme...para "revolucionar" la música de la juventud en mi país. ¿Te parece raro?¡Eran los sesenta! Mi mamá, consternada, exclamó: "¡Hijo, un hombre sin un título no vale nada!" Mamita, ¡ahora tengo un título! La "hazaña" me hace sentir orgulloso. Pienso que puede servir de ejemplo y aliciente a quien se crea imposibilitado de hacer cambios. A esas personas les digo,¡atrévete a superarte!

Al recibirme de Doctor en Psicología General del Centro Caribeño de Estudios Postgraduados, tuve el honor de dictar, a nombre de la clase, el discurso de graduación. Como su contenido es afín al deseo de superación personal que demuestras al leer hasta aquí este libro, te presentaré una sinopsis.

DISCURSO DE GRADUACION-CLASE 1994
"Cuando me matriculé en el Centro Caribeño en el 1981 vine buscando respuestas a preguntas que me atormentaban. A los 37 años padecía mi 'crisis de la mediana edad.', y estaba insatisfecho con mi vida.

Aunque había cosechado muchos éxitos en mi carrera dentro de los medios de comunicación, con miles de programas de radio y televisión, infinidad de discos producidos, películas, manejo de artistas y espectáculos a nivel local e internacional, ya estaba listo para retirarme. Comencé a los quince años, y veintidós más tarde, estaba "fundido".

Me había divorciado después de 17 años de casado y con cuatro maravillosos hijos: Grace Marie, Alfredo, Benny y Sonny.

También me alejé de la farándula, tan llena de hipocresía, egoísmo, y personalidades difíciles.

Muchos cambios y muchas interrogantes...

Cuando regresé a los estudios sobrevivía con ahorros, y mi familia no entendía porqué en vez de estar produciendo espectáculos y ganando mucho dinero, ahora estaba leyendo libros, escribiendo informes, asistiendo a clases...¡mientras empobrecíamos!

Al entrar al ambiente de los psicólogos, unos me aceptaron con familiaridad y afecto y otros me rechazaron de plano, como protestando por aquel artista que rebuscaba en libros y cursos de psicología.

De joven estudié con becas, por tener matrícula de honor, pero de adulto, parece que mi capacidad intelectual o mi vocación, no impresionaban a algunos. Me sentí rechazado, me invadieron dudas y complejos ¡tuve la tentación de darme por vencido!

Pero aunque pensé dejar los estudios nuevamente, esta vez no claudiqué, y aquí estoy todavía, metido en la Psicología, pero con un doctorado. ¡Yes!

Me resultó vital el poder asistir año tras año a las convenciones anuales de la Asociación Americana de Psicólogos (APA). Allí presentan hallazgos, investigaciones, modalidades y nuevas tendencias en la profesión. Personalmente escuché grandes psicólogos, como Skinner, Wolpe, Ellis, Lazarus y otros. Es en estas convenciones que descubro el uso de la psicología en los medios de comunicación.

Me uní a una organización de psicólogos afiliados a la APA, que hacían programas de radio y TV, escribían libros y artículos de auto-ayuda en periódicos, revistas, etc. Me sentí como en mi casa cuando me aceptaron de igual a igual, interesándose en mis pasadas experiencias y nutriéndose de mis conocimientos.

Redactamos y adoptamos normas éticas para el uso correcto de la psicología en los medios, y nos legitimizamos con la aceptación plena del grupo como división formal dentro de la asociación. Tuve el honor de ser el primer miembro hispano.

Eso me ayudó a quedarme en la profesión.

El cambio también se me facilitó al comprobar que soy un excelente psicólogo. Que tengo talento natural, experiencia de vida y por supuesto, una magnífica preparación clínica y académica, producto del Centro Caribeño de Estudios Postgraduados.

Entendí que en realidad ayudo a mucha gente.

A los que veo en consulta, a los que leen mis escritos, a los que asisten a mis seminarios o conferencias, y a los que llego a través de los medios de comunicación masiva. Es en verdad mucha gente.

Compañeros, he comprobado que de eso se trata nuestra profesión, nuestra tarea es ayudar. No es probar quien sabe más, quien hace las cosas de tal o cual manera, si se sigue un modelo tradicional o se es "ecléctico". Hay que querer y hay que saber ayudar - con responsabilidad y peritaje. Sin *inventar*. Estamos todos en un mismo bote, con proa a un mismo objetivo, que es ayudar a la gente. Brindar ayudar cómo y dónde podamos, con las herramientas que tengamos a la mano.

La gente necesita mucha ayuda.

Hoy día, más que nunca, hacemos falta los psicólogos, psiquiatras, trabajadores sociales, consejeros, etc. Ante ese llamado es que nos graduamos, y algo me dice que cada uno ya comenzó su apostolado de servir al prójimo, desde hace mucho tiempo, antes del día de hoy.

Tenemos que seguir aprendiendo más y más cada día, las nuevas tendencias, nuevas teorías y nuevas técnicas. En especial en lo que se refiere a intervención en crisis; terapia breve; a consolar los que han tenido grandes pérdidas; el saber fortalecerle la autoestima al que se siente que no vale nada.

Día a día practicamos el dar atención y aceptación incondicional a nuestro prójimo.

Hace poco estuve trabajando con el eminente psiquiatra, Dr. Brian Weiss (autor de "Muchas Vidas, Muchos Sabios"), y me confesó que todas las personas que conoce para el son como sus pacientes, a quien trata de entender y de ayudar. Sigamos su ejemplo.

Otro maestro y amigo con el que laboré recientemente, el Dr. Wayne Dyer (autor de "Tus Zonas Erróneas", entre muchos otros libros), reforzó en mí, con su ejemplo, el valor de dar desprendidamente.

No importa la especialidad del profesional de ayuda, vemos al ser humano como un todo, lleno de emociones, sueños, esperanzas, frustraciones, dolor y hasta desesperación. Identificamos y ayudamos al deprimido, al que le ha perdido el apego a la vida, al desdichado que contempla el suicidio. A todos les damos, desprendida e incondicionalemente. Somos psicólogos 24 horas al día, siete días a la semana.

Quizás nuestra mayor desgracia es saber un poco más, sobre los demás, y sobre nosotros. Percibimos detalles, tonalidades de voz, mensajes corporales, defensas, actitudes, rasgos y señales que a otros se le escapan. Eso...a veces eso duele.

Personalmente, siento satisfacción y humildad a la vez, cuando me llegan cartas de personas testimoniando que mi libro "¡Atrévete!" les ha ayudado. Divulgando a través de los medios de comunicación la esperanza que presenta la psicología, ¡he descubierto mi misión en la vida!

En el 1984 recibí la Maestría en Ciencias en Psicología Clínica,de manos de nuestro fundador, el inolvidable Dr. Carlos Albizu Miranda.

Inmediatamente saqué licencia y me dediqué a practicar psicoterapia por varios años.

Entonces me dió por terminar el Doctorado antes de llegar a cumplir los cincuenta años de edad.

Bueno, parece que me pasé por un año... Es que el hombre propone...y Dios dispone.

Me recibo en el 1994, año muy significativo en mi vida. Año en que unos criminales asesinan vilmente a mi adorado hijo Benny. Otra víctima de los males de esta misma sociedad a la que me propuse ayudar y que, pese a todo, pienso seguir ayudando. A tí, Bennett, te dedico mi graduación.

No pasó un mes, cuando surge otra desgracia familiar, se queda viuda mi hija, perdemos a Pedro, víctima de un quebranto físico.

Por añadidura, en esos días también mueren dos muy queridos y cercanos primos, Walter y Beto, también por problemas de salud, y para colmo, se pierde la nieta que mi hijo Alfredo y su dulce esposa Laura iban a darme...y Mary, querida clienta y amiga, perece en un accidente.

La vida puede ser muy dura, compañeros.

Pero tengo que apreciar y darle gracias a Dios por los seres queridos que quedan a mi lado, como mi querida esposa y fiel colaboradora Toñita, flamante abuela de dos nietecitos; y mis adorados hijos: la productora y animadora de televisión Grace Marie y su preciosa nena Ana Sofía, Alfredo, polifacético artista y promotor de mis libros, Bernard (Sonny), brillante estudiante de ingeniería; sin olvidar a mis hijastros, Denise, Annette y Mario José; mi genial ahijada Fabiola, Jackie, Laura ¡y tantos otros!

A los que se nos fueron, le agradezco a Dios el tiempo que me permitió tenerlos conmigo.

Los principios psicológicos que he aprendido me han ayudado mucho, y mis colegas también me han estado ayudando. ¡La Psicología funciona! Para terminar, entiendo que cada día la ciencia se acerca más a la espiritualidad. Se ha dicho que:
"No somos seres humanos que poseemos un espíritu, si no que somos espíritus viviendo experiencias humanas" por un tiempo determinado y con propósitos específicos.

Estos asuntos nuestra mente aún no los comprende del todo... y cada cual tiene sus creencias, pero una cosa para mí sí está muy clara, a la vida hemos venido a servir, a dar, y para mí no existe profesión más noble, donde se pueda dar tanto, como en la Psicología.

El 1994 no ha sido completamente trágico, en este año nació mi primer nieta, Ana Sofía García, terminé el doctorado y publiqué mi primer libro, "¡Atrévete! Estrategias de superción personal"

Dios aprieta, pero no ahoga...

¡Seguimos Adelante!

Gracias al personal del Caribeño, y al Dr. Salvador Santiago, su Presidente, un excelente modelo, mentor y estimado amigo. Gracias a nombre de los que hoy nos graduamos aquí.

Que Dios nos bendiga a todos, servidores que somos de la humanidad.

¡¡Felicidades, compañeros graduandos!!"

San Juan, Puerto Rico   Octubre 28, 1994

CUANDO HAY LUTO EN LA FAMILIA

El luto y la pena de los familiares ante la muerte de un ser querido pueden durar varios meses, o varios años, dependiendo de cómo sea manejado el proceso de aceptación y adaptación a la pérdida. En días memorables, en fiestas de Navidad y otras, el sentimiento aflora, aunque varía en intensidad. Son momentos apropiados para recordar y mencionar al ser querido, y deben hacerlo, reconociendo saludablemente que la vida es un contínuo movimiento: del pasado, hasta el presente,y hacia el futuro.

El vacío emocional podrá llenarlo otra persona cercana, aliviando la pena, pero el sustituto puede sentir pérdida de individualidad al reemplazar a la persona perdida. Las reclamaciones sólo reactivan sentimientos de culpa... y desasosiego.

Es imposible sustituir una persona con otra, pero las responsabilidades se pueden repartir, de manera que, en conjunto, los familiares cubran las tareas que quedaron al descubierto.

Algo que deben hacer juntos es revisar las pertenencias del fenecido, repartiendo, reubicando y hasta botando lo que no tenga uso o significado. De esa forma, se integra a la realidad de cada cual la presencia simbólica de quien ya no está

Quizás lo más importante que pueden compartir son los sentimientos. Hablar unos con otros de lo que les viene a la mente, los recuerdos, de cómo la están pasando, cuánto echan de menos a la persona, etc. Un compartir, alma con alma, atravesando juntos el tempestuoso mar de la emoción.

Temas a conversar: lo que saben de cómo sucedió el deceso; comparar sus reacciones cuando se enteraron; el funeral; la gente que vino a verlos; anécdotas sobre la persona fenecida; clarificar datos y recordar eventos que compartieron, etc.

Debemos evitar el natural impulso a negar, o ignorar los eventos dolorosos. Esconderlos no ayuda, más bien perjudica.

Reconozcamos y respetemos la capacidad de cada miembro de la familia para manejar su parte de la pena a su modo particular .

Ni ocultar, ni querer protejer o salvar a nadie del sufrimiento, pues a todos les afecta y a todos les conviene experimentarlo, plenamente.

Asuntos a evitar: encerrarse en uno mismo, o en la familia; no querer amar por temor a sufrir nuevamente; echarse culpas, o repartir culpas; escapar de la realidad con alcohol, drogas, viendo televisión, fantaseando o desbocándose en salidas; insensibilizarse trabajando en exceso; intentar detener el tiempo amarrándose al pasado; ahogarse en su pena teniéndose lástima; aferrarse a una persona substituta; convertir el cuarto con las pertenencias del fenecido en un museo o un mausoleo; ignorar o descualificar a los que quedan vivos, negándoles la atención y el amor que en justicia les corresponden; castigarse por haber sobrevivido; vivir negando la vida y reprochando la muerte; cuestionar los designios del creador, abandonando la fe y desconfiando.

"¿Por qué poner signo de interrogación...
donde Dios puso un punto final?"

Proyectos para realizar en familia:

√ visitas al camposanto;

√ revisión de álbumes fotográficos;

√ reuniones de recordación;

√ escuchar música que compartieron;

√ participar en los rituales religiosos;

√ pintar, redecorar su habitación .

Proyectos individuales:

√ escríbele a la persona desaparecida contándole todo lo que sientes, piensas, y aclarando malos entendidos, pidiendo perdón, perdonando;

√ visita la tumba y háblale;

√ auto-analízate para buscar rasgos o costumbres adquiridas de la persona que se fue;

√ cultiva nuevas relaciones, dándote permiso para sentir por otros seres;

√ haz planes, establece nuevas metas;

√ ten un diario con sueños y recuerdos;

√ adquiere el hábito de la oración;

√ Vive amando y apreciando la vida en cada minuto, ¡con cada respiración!   ¡AMEN!

BUEN VIAJE, QUERIDO HIJO

Me desperté, y en ese umbral mitad sueño, mitad despierto, sentí vívidamente que mi hijo Benny me acogía entre sus brazos, él sentado y yo recostado sobre su pecho. En ese abrazo me musitó: "Me quedan sólo unos días aquí". ¡Estaba despidiéndose de mí! Me envolví en el abrazo y él se transformó en el niñito que abracé y acaricié otra vez, como antes. Más tarde, me atrajo la silla del patio donde por última vez se sentó a conversar conmigo. Comencé a meditar con su nombre, "Benny", como un *mantra*.

Llegaron a mi mente escenas en las cuales yo no le cumplía sus deseos, le "fallaba", y momentos en que, al no supervisarlo "con responsabilidad de padre", no le evité peligros; y escucho dentro de mí: "No te culpes tanto, ya está bueno Papi, no te culpes más"...sentía como si le escuchara hablando.

Me invadió un gran alivio del cargo de conciencia que me torturaba desde que me lo mataron.

Pregunté: "¿Cómo que te vas en unos días?"

"Dejaré este plano cercano a ustedes".

"¿Cómo voy a poder vivir mi vida de ahora en adelante, sin tu presencia?", exclamé.

185

"Ya vivías tu vida sin mi presencia, papi, yo también vivía la mía, aparte."

"¡Pero no le tengo gusto, no disfruto la vida!"

"¡ Claro que puedes! La vida sigue, verás que tu vida sigue."

En ese momento la mente se me escapó a un proyecto que estoy desarrollando. Estos desvaríos suceden comúnmente cuando uno medita, pues la mente tiende a entretenerse con otros pensamientos.

Cuando caí en cuenta de que me había puesto a pensar en otros asuntos, y no en la "conversación" que estaba sosteniendo con Benny, escuché:

"¿Ves, como la vida continúa?" Eso me sucedió varias veces durante esa meditación y al regresar siempre escuché la misma frase.

Por un momento, pensé que debía decir que lo perdonaba por las acciones suyas que yo no aprobaba, pero entendí que no estaba de mí el perdonarlo, había pagado cualquier error con el más terrible castigo: ¡sentir que unos rufianes le quitaban la vida!

Entonces ví en mi mente la película de algo que yo había vivido unas semanas atrás en una solitaria playa, cuando perseguí de prisa y largamente el atardecer, creando un ritual de despedida al tratar de alcanzar al sol, a mi Benny, antes de que se esfumara, pero no pude verlo hundirse en el horizonte, pues la imagen se me escondió detrás del recodo.

Se hizo de noche y regresé de la muy lejana distancia gritando su nombre: *"¡Benny, Benny!"* llamándolo en diferentes tonos de voz, desgarrados gritos y susurros, en la oscuridad...en la fría noche frente al sereno mar.

"Yo estuve allí contigo, papi", le escuché.

"¿Qué hago con este amor que te tengo?"

"Dáselo a Ana Sofía." (Refiriéndose a mi nietecita, la nena de Grace Marie.)

"¿Cómo soportar la inmensa ausencia de ti."

"Tienes que entender, que yo siempre estaré contigo, porque estoy grabado en tus neuronas. Toda tu vida me tendrás a tu lado, como el mismo Benny que fui para ti."

"¡Perdóname por todo!", le pedí, sollozando.

Hubo silencio...No escuché nada más...

Al parecer, en ese momento alguna nube se movió de frente al sol, pues empecé a sentir su calorcito cariñoso, mañanero. Me invadió una sublime sesación de paz, de amor, de mucha ternura...

El sonido de la brisa trajo a mi mente el apodo cariñoso con el cual yo había identificado desde pequeñito a mi adorado hijo Benny:

"Mi Rubio Sol de Borinquen".

Allí estaba el rubio sol dándome calor, amor, ¡y perdonándome!

Comprendí, en ese instante, que yo siempre tendría en cada uno de mis días, la presencia y compañía de mi hijo fallecido, al sentir el rubio sol conmigo.

Ya dentro de casa busqué la foto de mi abrazo con Benny - la que antes había escondido, al no poder afrontarla. La miré con tanto, tanto amor...sin pena, tristeza, ni dolor. La miré largamente...suspendido en la nada...absorbí su hermosa cara, sus ojazos tan azules, y aquella, su dulce mirada de siempre. Sentí nuevamente, como sentiré siempre, el inmenso amor de padre ORGULLOSO que le tengo.

¡Porque lo llevo grabado en mis neuronas! Buen viaje, mi inolvidable y añorado hijo Bennett...mi Benny de siempre...¡Adiós!

Marzo 12, 1995

P.S.: En una meditación reciente, después de una nueva y estrepitosa caída emocional al cumplirse un año de su muerte, (porque esto es así: dos pasitos para adelante y uno para atrás), dentro del silencio, mi YO interno susurró:

"GRACIAS DIOS MIO,
POR EL TIEMPO QUE ME LO DISTE".
Al recordarlo, repito la frase y siento alivio.

AMEN Y AMEN.

Ernie, hijo segundo de mi primo y hermano, Alfred A. Herger Pacheco (Tito), falleció de asma con paro cardiaco días antes del aniversario de Benny.

Ellos hicieron juntos primaria e intermedia, y se parecían mucho. A Ernie lo recordaré siempre sonreído. De sólo veinticuatro años, nos dejó a su esposa, Mariel y una preciosa hijita, Marieli.

Para sus padres, y para todos los que han perdido hijos o hijas, mi mayor respeto y compasión. Es el golpe más fuerte que se puede recibir.

Este libro se terminó de imprimir
en el mes de octubre de 1995
en los talleres de Artes Gráficas de
RAMALLO BROS. PRINTING, INC.
Duarte 227 Hato Rey, Puerto Rico 00917